数字化国际发展合作研究

全球趋势、学理分析与中国路径选择

王永洁　著

INTERNATIONAL DEVELOPMENT COOPERATION ON DIGITALIZATION

GLOBAL TRENDS, THEORETICAL ANALYSIS AND PATHWAYS FOR CHINA

中国社会科学出版社

图书在版编目（CIP）数据

数字化国际发展合作研究：全球趋势、学理分析与中国路径选择／王永洁著．—北京：中国社会科学出版社，2022.5

ISBN 978－7－5227－0069－4

Ⅰ.①数…　Ⅱ.①王…　Ⅲ.①国际合作—数字化—研究—中国　Ⅳ.①D822

中国版本图书馆 CIP 数据核字（2022）第 063047 号

出 版 人　赵剑英
责任编辑　王　衡
责任校对　朱妍洁
责任印制　王　超

出　　版　中国社会科学出版社
社　　址　北京鼓楼西大街甲 158 号
邮　　编　100720
网　　址　http://www.csspw.cn
发 行 部　010－84083685
门 市 部　010－84029450
经　　销　新华书店及其他书店

印　　刷　北京明恒达印务有限公司
装　　订　廊坊市广阳区广增装订厂
版　　次　2022 年 5 月第 1 版
印　　次　2022 年 5 月第 1 次印刷

开　　本　710×1000　1/16
印　　张　13
插　　页　2
字　　数　202 千字
定　　价　68.00 元

凡购买中国社会科学出版社图书，如有质量问题请与本社营销中心联系调换
电话：010－84083683
版权所有　侵权必究

前　言

数字化是当今重要的时代发展趋势，是推动实现全球可持续发展目标的重要工具，也是近年来国际发展合作和全球治理的新领域和重要议题，全球数字合作共识不断加强。全球层面，联合国等国际组织出台了一系列数字化战略和数字合作倡议。地区层面，欧洲联盟、非洲联盟、东南亚国家联盟等陆续颁布实施地区数字化转型战略或倡议。西方发达国家越来越重视数字化领域的对外援助，美国、日本、英国、德国、北欧等国家和地区出台了数字化对外援助战略或政策主张。发展中国家也越来越强调数字化的重要性，呼吁加强合作，解决数字鸿沟。全球加速数字化的同时，数字鸿沟在扩大，影响和塑造着新的发展格局。立足于服务中国的国内国际战略，为进一步提升新时代中国双多边国际发展合作的效果和影响力，中国的国际发展合作应在数字化这一关键领域，把握发展和合作先机。应加强相应的研究和规划设计，不仅发挥经济发展的“数字红利”，也应加强借力数字化提升中国的国际影响力，实现“国际数字红利”。

当前全球数字合作呈现以下趋势：一是数字化成为国际发展合作的重要领域和发展趋势，并将继续深化发展。二是亚洲、非洲等发展中国家和地区实施的数字化战略蕴藏着重要的发展机遇和数字合作需求，尤其是在数字基础设施、数字经济、新兴科技等领域。三是伴随着一些西方发达国家实施数字化对外援助战略，数字化也正在成为国际贸易、国际投资、对外援助以及全球治理理念和价值观念传播的新的国际角力场。四是数字合作符合发展中国家的实际需求，数字鸿沟和发展中国家的数字短板带来的数字合作需求是加强数字合作的合法性基础。加强对外数字合作，既符合时代发展潮流、国际环境和需求，也为中国扩大贸易、投资和市场，提升对外援助效果，参与全球数字治理，以及落实中国的重大倡议，如“一带一路”“全球发展倡议”，提供新动力和新抓手。

本书立足中国，从学理层面分析数字化国际发展合作。结合中国的国际发展合作观，从以人民为中心的理念出发，以需求导向、能力建设和风险评估三个维度，构建数字化国际发展合作的理论分析框架和决策模型参考。从而，论证分析中国开展数字化领域国际发展合作的必要性、可行性、重大意义和风险管理。

首先，需求导向为数字合作提供了合法性基础。区别于西方发达国家在数字化对外援助中秉持的价值观导向原则，中国特色的数字合作之路应秉持坚持以人民为中心、坚持普惠包容的原则和理念，从“需求”出发，落脚“能力建设”。中国在实施数字化领域对外援助和国际发展合作中，应首先立足于服务中国的国内发展和国际倡议，在此基础上，兼顾缩小全球数字鸿沟的目标。适应全球数字合作时代趋势和数字鸿沟的客观存在，数字化领域的国际发展合作有助于提升中国双多边国际发展合作的综合效应和影响力；数字化领域国际发展合作对于深化中国对外经贸合作，尤其是扩大对发展中国家的投资、贸易和市场具有重要意义；积极参与全球数字治理，有助于提升中国在全球治理体系中的议程设置能力，增强中国在国际社会上的话语权和影响力。“需求导向”是全球发展中国家开展南南合作的基本原则和共识，为开展对外数字合作提供了合法性基础。为提升数字合作的效果和影响力，需要甄别国际上哪些领域存在数字合作需求。基于对全球数字鸿沟的分析，数字合作需求在网络联通、数字化运用、数字治理、能力建设等方面表现得尤为突出。

其次，延续中国对外援助中秉持的“授人以渔，自主发展”政策主张，应重视数字化能力建设方面的合作。本书将数字化能力分为数字化基本能力和数字化运用能力。这两方面的能力建设均存在较大的缺口和合作需求，也需要不同的国际发展合作参与路径。数字化基本能力，即基础设施能力、网络联通能力和通过数字化获取基本服务的能力，对应的是基础设施建设领域的对外援助、商贸投资等合作路径；数字化运用能力需求对应的是知识分享、经验共享、培训等形式的合作路径。中国在数字经济、电子政务、电子商务、数字化支付、线上教育等数字化运用方面的优势和经验积累，为加强能力建设方面的数字合作提供了经验基础。同时，知识和经验分享既符合当前国际发展合作的重要趋势，也是讲好中国故事、分享传播中国经验的重要途径。

最后，数字化是一把“双刃剑”，在加强数字合作的进程中，应当加强风险意识、风险评估和管理，加强国家安全、个人信息、商业机密等方面的保护，积极参与全球数字治理和相应的规制探讨。既要防范和管理与数字化直接相关的网络安全、信息安全等技术层面的风险，也要防范和应对数字化相关的政治、经济、社会风险，如网络犯罪、网络空间安全风险、数字鸿沟、垄断、数字化对就业的影响和冲击等。此外，还要防范对外援助和国际发展合作中的一般性风险，如地缘政治、政权不稳定、法律规制差异、可能的歧视性规定和制裁等。

在第四次工业革命背景下，基于全球数字合作趋势、数字合作需求和风险，本书从研究布署、战略规划、国际发展合作能力提升、遵循中国的国际发展合作政策主张、开展惠民数字合作和推广宣传中国的国际发展合作观五个方面，研究中国数字合作路线图和路径选择。

第一，加强数字合作研究和部署，包括开展国际上的数字化战略、数字合作趋势和动向研究，数字合作需求和风险研究，以及对发展中国家和地区的国情研究。第二，开展数字化国际发展合作战略规划，分别从双边对外援助、多边国际发展合作和融入中国的重大国际倡议三个层面进行规划部署。双边层面，将数字化纳入中国双边对外援助的战略重点领域；多边国际发展合作方面，与国际组织开展务实数字合作；国内国际战略统筹上，将数字化纳入共建“一带一路”中。在数字合作领域上，确定对外数字合作的优先序和重点合作领域，应侧重数字化运用、数字经济、数字化能力建设等领域的数字合作；在数字基础设施方面，应将商贸、投资、当地共建、技能输出相结合，突破传统的基础设施援建模式。第三，从人才、研究和宣传三个方面，进一步提升中国双多边国际发展合作能力，更充分地发挥开展国际发展合作的综合效应。

第四，数字化领域的双多边国际发展合作应践行中国的国际发展合作理念和政策主张，如“量力而行，尽力而为”“授人以渔，自主发展”“因国施策，共商共建”等。第五，在践行这些政策主张的基础上，进一步发展和完善中国的国际发展合作观，将其作为国际发展合作的理念支撑和理论宣传工具，开展以人民为中心的“惠民”数字合作。缺乏理念支撑的对外援助和国际发展合作是缺乏凝聚力的，外交、外事工作中，应当有意识地增强宣传中国的国际发展合作观，宣传中国的标志性概念和与人民相关的新提法，如“共同富裕”“践行以人民为中心的发展思想，发展全过程人民民主”等理念。

在此基础上，本书就中国数字化领域的国际发展合作提出以下十点建议。一是在双边对外援助中，将数字化纳入双边对外援助的关键领域。二是与国际组织开展务实合作，积极参与、支持和主导相应的数字合作议程，充分发挥国际组织的平台作用，分享传播中国的数字化和发展经验、治理经验和中国方案。三是确定数字合作优先序，重点关注数字化运用、数字经济和能力建设等方面的合作。四是发挥知识和经验分享的作用，发挥智库在人才和科研方面的优势，开拓新的国际传播途径、讲好中国故事。五是实施“惠民”数字合作，推广宣传中国坚持以人民为中心的国际发展合作观，增强中国议程和国际发展合作的凝聚力和感召力。六是加强数字合作风险评估和管理。七是加强对发展中国家和地区的研究，除发挥国内研究力量，应探索加强资助发展中国家的机构和人员从事自己国家的研究，加强相应的信息和知识储备，提升国际发展合作的科学性、针对性和有效性。八是积极参与全球数字治理。九是发展和强化多元伙伴关系。十是聚焦短板和典型地区，开展与关键地区的数字合作，如中非数字合作等。

目　　录

第一章

导　论

第一节　研究背景

数字化是重要的时代发展潮流，应时代和国际之需，数字合作成为当今国际发展合作的重要领域和发展趋势。世界银行的报告指出，数字化为创新和发展提供了动力，通过增强包容性、提高效率、促进创新，推动实现“数字红利”（World Bank，2016）。数字化对推动实现全球可持续发展目标具有重要意义，随着新冠肺炎疫情的暴发，疫情应对和经济社会的恢复发展进一步凸显了数字化的重要性（UNDP，2020）。全球加速数字化的同时，数字鸿沟在扩大，影响和塑造着全球经济社会发展的不平衡，全球数字鸿沟在网络联通、数字化基础设施、数字化运用和数字技能等方面尤为突出（UNDP，2019a；UNCTAD，2019；UN，2020）。据联合国的相关统计，全球约35亿人没有互联网，在最不发达国家，仅1/5的人有互联网，而在发达国家这一比例为4/5（UNDP，2019a；UNCTAD，2019；UN，2020）。发展中国家的数字化短板还表现在，数字化基础设施的缺乏、互联网尤其是宽带连接普及程度低、互联网和通信费用高、劳动力数字技能不足、经济和服务领域数字化程度低、垄断和法律规制缺失等问题。不同国家和地区对借力数字化推动发展的认识和能力也存在较大差异。在发展中国家，特别是最不发达国家，“数字红利”远未实现（UNCTAD，2019）。

为加快实现2030年可持续发展目标（SDGs），国际上在积极探索如何加强合作和借力数字化，发挥数字化助推实现可持续发展目标的作用。鉴于数字化的重要性和多元化的合作需求，国际上对加强数字化领域的国际发展合作凝聚了越来越多的共识。国际组织、地区政府间组织纷纷提出全球和地区层面的数字化战略和数字合作倡议，西方发达国家也越来越重视数字化领域的对外援助，并出台了专门的数字化对外援助战略或规划。

全球层面，联合国等国际组织出台了一系列数字化战略和数字合作倡议。较早的全球数字合作倡议主要关注网络联通，而现代意义的数字化战略和数字合作倡议则密集出现在近几年。全球层面的数字化典型倡议包括，2016 年世界银行提出的“数字发展伙伴关系”倡议，2019 年联合国开发计划署出台的《数字化战略》以及 2020 年联合国秘书长《数字合作路线图》等。此外，国际上还有一些相对灵活的数字合作倡议，如联合国贸易和发展会议启动的“所有人的网上贸易”倡议，世界经济论坛提出的“打造数字经济的未来和新价值创造倡议”，以及新成立的“联合国创新网络”和“联合国数字化方案中心”等。

地区层面，政府间组织和地区发展银行也纷纷出台数字化战略和倡议。例如欧盟提出《打造欧洲的数字化未来》（2019—2024 年）、《欧盟数字化十年——2030 年数字目标》；非盟提出《非洲数字化转型战略（2020—2030 年）》；东盟提出“数字化东盟倡议”；阿拉伯国家成立数字经济联盟等。亚洲开发银行、亚洲基础设施投资银行也陆续实施相应的数字化议程和数字基础设施建设战略等。地区层面的数字化议程和数字合作动向表明，数字化是区域合作的重要领域和区域一体化建设的重要抓手和目标。亚洲、非洲等发展中国家和地区推出的数字化转型战略，蕴藏着重要机遇和合作需求，尤其在基础设施、网络联通、数字经济、新兴科技等方面，地区市场将更加开放。

西方发达国家和以发达国家为主要成员国的经济合作与发展组织（以下简称经合组织，OECD），也越来越重视数字化领域的对外援助。日本、美国、英国、比利时、丹麦、德国、挪威等国家纷纷出台数字化对外援助战略、政策或倡议（Heimerl 和 Raza，2018；OECD，2019，2020a；USAID，2020）。西方发达国家在数字化对外援助中，也在加强协调协作，推出以西方发达国家为主导的多边援助和数字合作倡议。例如，2015 年，经合组织成员国部长级会议达成“全球数字时代的科学、技术和创新政策大田宣言”共识；2017—2018 年，经合组织推出“走向数字化”战略（OECD，2019）；2020 年，澳大利亚、加拿大、欧盟、印度、日本、韩国、新西兰、英国和美国等国家和地区联合启动“人工智能新全球伙伴关系”等。

发展中国家也越来越强调数字化的重要性，呼吁解决数字鸿沟。2021 年 6 月初，第 20 届南南合作高级别委员会会议上，多个发展中国家肯定数字化转型对全球发展的潜力，呼吁通过南南合作解决数字鸿沟①。国别层面，多个亚非拉发展中国家出台数字化战略和数字规划。例如，在非洲，肯尼亚提出“数字经济蓝图”、尼日利亚提出优先发展数字经济；在东南亚，新加坡、泰国、越南、文莱等国家实施面向工业 4.0 的产业转型计划和数字经济规划；在中亚，哈萨克斯坦、乌兹别克斯坦、吉尔吉斯斯坦等多国实施数字经济或数字化转型战略；印度、孟加拉国等南亚国家也实施数字发展战略；在拉丁美洲，智利、哥伦比亚、哥斯达黎加、墨西哥等多国出台数字规划和数字议程，以及相应的数字经济和创意经济战略等。

全球数字合作趋势和国际动向释放出四个信号。一是国际上对加强数字合作凝聚了越来越多的共识，数字化成为国际发展合作的重要领域和发展趋势，并将继续深化发展；二是亚洲、非洲等发展中国家和地区实施的数字化战略蕴藏着重要的发展机遇和数字合作需求，尤其是在数字基础设施、数字经济、新兴科技等领域；三是伴随一些西方发达国家实施数字化对外援助战略，数字化也正在成为国际贸易、国际投资、对外援助，以及全球治理理念和价值观念传播的新的国际角力场；四是数字合作符合发展中国家的需求，数字鸿沟和发展中国家的数字短板带来的数字合作需求是加强数字合作的合法性基础。

数字化的运用也深刻地影响着经济社会发展和转型。未来十年，伴

① https://www. unsouthsouth. org/our - work/policy - and - intergovernmental - support/high - level - committee - on - south - south - cooperation/high - level - committee - on - south - south - cooperation - 20th - session/.

随新兴科技的发展和普及，如人工智能、5G、低空卫星系统等先进和尖端技术的发展和运用，数字化在生产、生活、经济、社会、政府治理等多个领域将带来更加全面、深刻和更具变革性的影响。在第四次工业革命影响下，“万物互联”对整个经济社会产生了深远影响，包括：在经济领域，对经济增长、就业、工作性质的影响；在商业运营领域，对消费者行为、生产、创新和运营模式的影响；在国家和全球层面，对政府治理和全球治理的影响；在国际层面，对国际安全的影响等（Schwab，2016）。伴随着数字化的深入发展，数字化对经济社会发展的重要性更加凸显，国际社会对数字化的关注也达到空前高度。应把握数字化带来的机遇和红利，加快借力数字化助推实现全球可持续发展目标，并防范相应的数字化风险，加强全球数字治理。

中国在对外援助中积极推动数字化，尤其是数字经济的发展。根据2021年国务院新闻办公室受权发布的《新时代的中国国际发展合作》白皮书，中国援助肯尼亚、老挝、巴布亚新几内亚、孟加拉国等多个国家信息通信产业的发展、政务信息系统建设和信息化管理、高速网络的快速发展，为推动缩小全球数字鸿沟作出了积极贡献①。中国与16个国家签署了数字经济合作备忘录，与22个伙伴国共同打造“丝路电商”平台②。2021年9月21日，习近平主席在第七十六届联合国大会的重要讲话中提出“全球发展倡议”，重点推进减贫、粮食安全、抗疫和疫苗、发展筹资、气候变化和绿色发展、工业化、数字经济、互联互通等领域合作③。其中，数字经济、互联互通是“全球发展倡议”中与数字化密切相关的两项重要合作领域。全球发展倡议优先重视发展，符合当前国际社会的迫切需求，为发展中国家和地区带来了新思想和新倡议，也为中国创造了新的外交机遇和全球发展机遇。

---

① 《新时代的中国国际发展合作》白皮书，新华网，http://www.xinhuanet.com/2021-01/10/c_1126965418.htm。

② 国家国际发展合作署：《朗朗“一带一路”助力全球可持续发展——罗照辉署长在2021年可持续发展论坛上的视频演讲》，2021年9月27日，http://www.cidca.gov.cn/2021-09/27/c_1211385452.htm。

③ 《习近平在第七十六届联合国大会一般性辩论上的讲话（全文）》，中华人民共和国中央人民政府网，http://www.gov.cn/xinwen/2021-09/22/content_5638597.htm。

鉴于当前数字化领域的国际发展合作趋势、动向和需求，中国应加大对外数字合作，尤其是数字化领域的对外援助和国际发展合作的研究和战略规划。不仅要把握数字化对中国经济发展带来的机遇和红利，也要借力国际上的数字化战略和数字合作倡议，积极参与和主导相应的数字化议程，增强中国在全球治理体系中的话语权。数字化领域的国际发展合作对中国积极参与国际事务和全球治理，深度融入世界经济格局，扩大贸易、投资和市场具有重要意义。数字化领域的国际发展合作，具有多元化和多层次的合作需求。但是，数字化是一把“双刃剑”，网络攻击、数据安全数次被列入全球五大高发安全风险（World Economic Forum，2018，2021）。网络安全成为重大的国家安全议题，全球先后有50多个国家和地区制定了相应的国家安全战略（马忠法、胡玲，2020）。但在全球范围来看，不同国家和地区网络安全和数据安全保障情况良莠不齐，国家层面对于数字化安全重视程度、施政能力、技术和基础设施能力也存在较大差异。数字合作应加强对当地网络信息安全保障能力的评估，加强数字合作风险意识、风险评估和管理，加强国家安全、个人信息数据安全、商业机密等方面的保护，防止数字化的滥用。

第二节　数字化与数字合作的内涵

广义的“数字化”包含“数字化转换”（Digitization）、“数字化运用”（Digitalization）以及“数字化转型”（Digital Transformation）这三个方面的内涵（UNDP，2019a；Verhoef 等，2021）。“数字化转换”指通过数字化工具和数字精简流程，将信息转换成数字化的形式，即机器可读格式；“数字化运用”指将数字技术、系统、平台等运用到经济、社会、政务、教育等领域，其结果是产生新的或更新改进现有的活动和服务；“数字化转型”指数字化带来的经济社会转型，如就业、治理、经济商贸等多领域的转型和变化（UNDP，2019a；OECD，2019；Parviainen 等，2017）。也有研究从过程、组织、社会等层面界定数字化的内涵。根据 Parviainen 等（2017）的定义，“过程层面的数字化”指使用新的数字工具和数字精简流程；“组织层面的数字化”指提供新的数字服务以及通过新的数字途径更新改进现有的服务；“商务领域层面的数字化”指数字化带来的商务生态系统角色变化和价值链变化；“社会层面的数字化”指数字化带来的社会结构变化，如工作类型、决策和治理等。

运用到经济领域，“数字经济”既包括互联网技术和信息通信技术直接相关的生产和服务部门；也包括直接的数字经济部门，如平台经济、共享经济、电子商务；以及更广义的数字化的经济部门，如工业4.0、精准农业、算法经济等（Bukht 和 Heeks，2017）。根据《二十国集团数字经济发展与合作倡议》（G20 Digital Economy Development and Cooperation Initiative），数字经济指以数字信息和知识为关键生产要素，以现代信息网络作为重要活动空间和载体，以信息通信技术（ICT）为驱动力，以提升效率和实现经济结构优化的一系列广泛的经济活动。

数字化带来的重大变革和转型在于，现实世界与数字化运用之间的连接，实现了“万物互联”（Internet of All Things），即通过联通技术和多样化的平台，实现了“物”（如产品、服务、地点）和人，以及二者之间的互联（Schwab，2016）。在“万物互联”的数字化时代背景下，几乎所有的生产、生活、服务领域都直接或间接地受数字化的影响。数字化的内涵较为宽泛，既包括网络和数字联通，也包括在经济、社会、政务、教育、就业、商贸服务等多个领域的数字化运用和数字化转型。

在国际发展合作领域，关于数字化及其影响的研究主要聚焦于西方发达国家，而发展中国家的数字化以及数字化对国际发展合作的影响研究相对缺乏。如 Heimerl 和 Raza（2018）所指出的，受工业化水平和收入水平的影响，数字化在发展中国家的影响存在较大差异，尤其是对于正在同时经历工业化和数字变革的经济体而言，数字化的影响更加复杂，因而，应加强对发展中国家数字化以及数字化领域国际发展合作的研究。

何为“数字合作”？根据联合国 2019 年发布的《数字化相互依存的时代——联合国秘书长数字合作高级别小组论坛报告》，“数字合作”指为使数字科技对社会、道义、法律和经济的正面影响最大化负面影响最小化而开展的国际合作①。本书所指的“数字合作”，主要指政府主导的、官方对外数字合作的实践和部署，包括双边对外援助和多边国际发展合作。其中，官方发展援助（Official Development Assistance）指政府实施的推动发展中国家和地区经济发展和社会福利的双边援助。具体到数字化领域，数字化双边对外援助指以援助国为主体实施的对外援助，旨在推动受援助国数字化进程和水平，或推动既有援助领域的数字化运用。例如，2020 年，美国国际发展署颁布实施数字战略（2020—2024 年），提出实施数字化发展项目、在对外援助中使用数字化技术、加强受援助国数字化体系建设（USAID，2020）。挪威 2018 年出台的《挪威发展政策数字化战略》提出，数字化战略指健康、教育、气候与环境、商务、人道主义援助等领域的数字化运用。

数字合作的第二个重要官方途径是开展多边国际发展合作，即参与、支持和主导多边国际发展合作，参与数字化领域的全球治理。国际发展合作（International Development Cooperation），指为实现国际上共同制定和普遍接受的全球发展目标，如联合国 2030 年可持续发展目标，而开展的发展合作和采取的全球行动或倡议。数字化领域的国际发展合作，既包括推动数字化和缩小数字鸿沟，也包括数字化在发展领域的运用。根据 2020 年联合国秘书长《数字合作路线图》，数字合作需要多元利益攸关方的共同努力，各国政府仍处于核心地位，但私营部门、技术公司、民间社会和其他利益攸关方的参与至关重要（UN，2020）。

第三节　需求导向—能力建设—风险评估三维度分析框架

本书旨在引起学术界对数字化领域国际发展合作的关注和研究探

① https://www.un.org/sites/www.un.org/files/uploads/files/HLP_Digital_Cooperation_Report_Executive_Summary_zh.pdf.

讨，填补当前的研究空白，同时，为相关领域决策者提供参考。当前有关对外援助和国际发展合作的研究尚未充分重视数字化国际发展合作这一重要现象和趋势。有关中国对外援助和国际发展合作的文献，主要关注对外援助理论建构、不同国际发展合作范式（南北合作、南南合作、三方合作）的比较、受援助国评价、援助有效性、发展有效性等问题（潘亚玲，2013；黄梅波、唐露萍，2013；韩冬临、黄臻尔，2016；郑宇，2017；黄振乾，2019）。根据 OECD（2020b）的报告，中国是数字化尤其是人工智能方面研究的最大学术产出国，也是在该领域学术产出质量提升最快的国家。然而，在国际发展合作领域，关于数字化的研究却十分薄弱和滞后。国际上关于数字化及其影响的文献，也主要关注西方发达国家，有关发展中国家的数字化研究相对缺乏，尤其缺乏数字化对国际发展合作的影响研究（Heimerl 和 Raza，2018）。鉴于数字化议题的重要性和当前的研究不足，加强相应的研究尤为迫切。正如 OECD（2020b）在其数字化相关报告中提及的，“数字化的影响如何强调都不为过，而且刚刚开始”。

本书从学理层面分析数字化国际发展合作，从以人民为中心的理念出发，以需求导向、能力建设和风险评估三维度构建数字合作的理论分析框架和决策模型参考。如图 1.1 所示，数字化国际发展合作是一个有机循环的过程。全球数字化和数字合作时代趋势下，数字化领域呈现广泛、多元的数字合作需求和数字化能力建设需求，也蕴藏着数字合作风险。其中，需求是数字合作驱动力，能力建设是数字合作的重要领域和目标，需求导向和能力建设构成开展数字合作的合法性基础。数字化风险和对外援助的一般性风险是开展数字合作的外在约束因素，数字化双多边国际发展合作的路径选择受相应风险因素的约束，应在风险评估和管理的基础上开展数字合作。需求、能力建设和风险三个维度互相关联，影响着数字化双多边国际发展合作的具体路径和措施，而路径选择又反过来影响和塑造全球数字合作前景，相应的需求、目标和风险也进一步被更新。本书构建“需求导向—能力建设—风险评估”三维度的理论分析框架的原因在于三个分析视角的重要性及关联性。

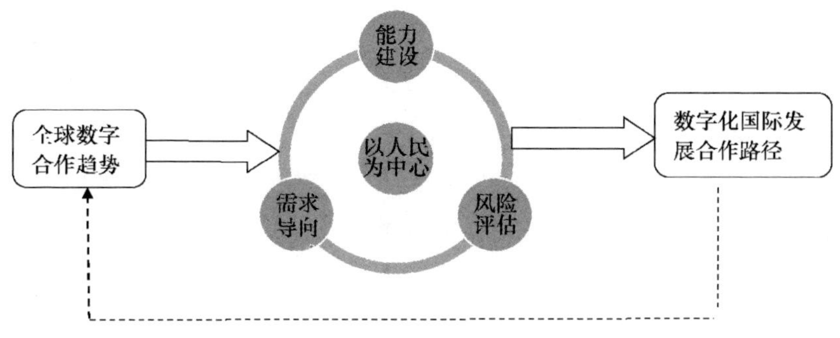

图 1.1　数字化国际发展合作学理分析

资料来源：笔者绘制。

一　“需求导向”视角的重要意义

“需求导向”是开展国际发展合作，尤其是南南合作的合法性基础和根本原则。2019 年，第二次联合国南南合作高级别会议在阿根廷布宜诺斯艾利斯召开，基于发展中国家的讨论和意见，会议成果文件明确了“需求导向”是南南合作的出发点①。“需求导向”也是区别于传统的西方对外援助侧重“供给方”和“价值观导向”的国际发展合作原则。对于国家行为体而言，受援助国或合作伙伴国单方面的需求并不足以成为国际发展合作，尤其是双边对外援助的动因。这一点西方发达国家在对外援助中表现得尤为明显，西方对外援助的动力是服务自身外交政策和推广援助国的贸易，即由援助国的自身目标决定，而非被援助国的需求（Schraeder 等，1998；Qian，2014）。这也解释了为什么西方对外援助中，仅有很小的一部分流向了最不发达国家。据相关研究，全球最贫穷的 20% 的国家在任何一年收到的援助仅占全球总体援助的 1.69%—5.25%（Qian，2014）。

“需求导向”的深刻内涵在于，中国在实施数字化领域对外援助和国际发展合作中，需要综合考虑和统筹立足中国的国内发展和国际倡议需求，兼顾受援助国的发展需求和全球发展目标，并加强相应的评估，

① United Nations, “Report of the Second High-level United Nations Conference on South – South Cooperation”, https://www.unsouthsouth.org/wp – content/uploads/2019/07/N1920949.pdf.

在互利共赢的基础上，加强数字合作。缩小数字鸿沟、应对发展中国家的数字短板，是开展数字合作的合法性基础。尊重发展中国家的实际需求也是中国国际发展合作的一项重要出发点。2021 年发布的《新时代的中国国际发展合作》白皮书指出，中国“充分尊重其他发展中国家的意见，通过友好协商确定合作项目，不做超越合作伙伴发展阶段、不符合合作伙伴实际需要的事”①。加强数字化领域的国际发展合作，需要研究和甄别合作伙伴国是否以及在哪些领域存在数字合作需求。

二 能力建设视角的意义

从全球国际发展合作的趋势来看，能力建设是国际发展合作的重要领域，也是数字合作的重要领域和合作目标。数字化能力鸿沟是数字鸿沟的重要表现，根据2019 年联合国《人类发展报告》，数字化能力差异正在成为全球不平等的新源泉，其中网络联通和通过数字化获取基本服务的能力差距在明显缩小，但数字化运用能力差距却在扩大（UNDP, 2019b）。能力建设与中国国际发展合作中秉持的“授人以渔，自主发展”的政策主张相通。中国的国际发展合作实践中，“分享治理经验”是中国支持发展中国家增强自主发展能力的重要举措②。能力建设，尤其是知识和经验分享，符合当前国际发展合作的大环境和趋势。近年来，联合国开发计划署、国际原子能机构、国际劳工组织、国际农业发展基金等多个机构，将知识管理的重要性上升到战略层面，纷纷出台专门的知识管理战略，将知识管理纳入其业务的一部分。知识和经验分享被界定为实现可持续发展目标的重要方法，在推动实现可持续发展目标的进程中，知识应当被视为一种重要的资源和工具。同时，能力建设领域的合作也将助力讲好中国故事，分享传播中国经验。知识和经验分享的优势在于其灵活性和政治色彩更加淡化，在国际发展合作中，发挥着特殊作用。中国在数字化运用，尤其是电子商务、数字化支付、数字经

---

① 《新时代的中国国际发展合作》白皮书，新华网，http://www.xinhuanet.com/2021-01/10/c_1126965418.htm。

② 《新时代的中国国际发展合作》白皮书，新华网，http://www.xinhuanet.com/2021-01/10/c_1126965418.htm。

济、电子政务、人工智能等方面的优势和经验积累，为加强数字化能力建设的国际合作提供了重要的经验基础，相应的优秀实践和知识产品，在国际传播分享上有待进一步展开。

三 风险评估和管理是关键

数字化是一把“双刃剑”，一定程度上重新界定着安全，包括安全的性质、范畴和挑战。新的时代背景下，国家安全问题具有鲜明的时代烙印，非传统安全问题大量出现并与传统安全问题交杂（王灵桂，2021）。第四次工业革命对于国家间关系的性质和国际安全均产生了深刻的影响，在高度联通的世界中，不平等会增强国内和国际社会的碎片化、分割、不稳定，这些都会成为暴力极端主义的土壤（Schwab，2016）。因而，数字化领域对外援助和国际发展合作，应加强风险意识、风险评估和管理，既要防范和管理与数字化直接相关的网络安全、信息安全等技术层面的风险，也要防范和应对数字化相关的政治、经济、社会风险，如网络犯罪、网络空间安全风险、数字鸿沟、垄断等。此外，还要防范对外援助和国际发展合作中的一般性风险，如地缘政治风险、政权不稳定、法律规制差异和可能的歧视性规定和制裁等。可持续的数字合作，首先需要在风险可控的范畴内开展，因而，数字合作中的风险评估和管理是影响是否开展数字合作，以及通过哪些途径开展数字合作的重要外在因素。

第四节 以人民为中心的惠民合作理念

需求导向、能力建设和风险评估三维度构成的循环中，核心的理念支撑和出发点是以人民为中心。国际发展合作观是开展国际发展合作的行动指南和理论基础，也是增强双多边国际发展合作凝聚力的理念支撑。根据2021年发布的《新时代的中国国际发展合作》白皮书，中国的国际发展合作观包括，“推动构建人类命运共同体是中国开展国际发展合作的崇高使命；坚持正确义利观是中国开展国际发展合作的价值导向；南南合作是中国开展国际发展合作的基本定位；共建‘一带一路’是中国开展国际发展合作的重要平台；帮助其他发展中国家落实联合国2030年可持续发展议程是中国开展国际发展合作的重要方向”①。中国在对外援助和双多边国际发展合作中，在践行和不断发展完善中国的国际发展合作观，其中，坚持以人民为中心是新时代中国国际发展合作观的精髓。2021年9月21日，习近平主席在第七十六届联合国大会一般性辩论发表《坚定信心　共克时艰　共建更加美好的世界》重要讲话，提出“全球发展倡议”，其中一个核心理念是坚持以人民为中心，即“在发展中保障和改善民生，保护和促进人权，做到发展为了人民、发展依靠人民、发展成果由人民共享，不断增强民众的幸福感、获得感、安全感，实现人的全面发展”②。

中国特色的数字合作之路首要应当是“惠民”的数字合作，即数字化和数字合作的目的是改善民生，是为了人的全面发展，是共享和普惠的。坚持以人民为中心、坚持普惠包容既是“全球发展倡议”的重要基础和原则，也是开展包括对外数字合作在内的国际发展合作的行动原则，是今后在开展双多边国际发展合作中增强中国的发展议程和国际发展合作行动凝聚力和感召力的重要理念支撑。西方发达国家的数字化对外援助依然延续其对外援助中的价值观导向特征，中国的数字合作应凸显与西方发达国家不同的数字合作方案和理念，践行以人民为中心的惠民数字合作，以惠民作为理论依据和宣传工具。同时，以人民为中心也贯穿于本书提出的“需求导向—能力建设—风险评估”三维度理论分析框架。“惠民数字合作”的内涵包括数字基础设施服务于人、数字经济发展惠民、数字化助力人的就业、以人为本的数据安全保护、电子政务与治理服务于人等一系列惠民数字合作。惠民数字合作的必要性体

① 《新时代的中国国际发展合作》白皮书，新华网，http://www.xinhuanet.com/2021-01/10/c_1126965418.htm。

② 《习近平出席第七十六届联合国大会一般性辩论并发表重要讲话——提出全球发展倡议，强调携手应对全球性威胁和挑战，推动构建人类命运共同体》，中华人民共和国中央人民政府网，http://www.gov.cn/xinwen/2021-09/22/content_5638596.htm?lsRedirectHit=20560931。

现在以下三个方面。

第一，防范数字化和数字合作对当地就业和民生的冲击。数字化对就业的影响和冲击表现在三个方面：一是数字化的民生效应和失业风险并存；二是数字化影响劳动力需求，带来劳动力市场结构变化、劳动者技能需求变化；三是对传统劳动关系和劳动力市场制度产生冲击，尤其是带来社会保险等方面的挑战。数字化和新经济业态的发展，对全球就业和劳动力市场均产生了深刻影响。一方面，数字经济吸纳了大批劳动力，具有积极的促进就业和增加收入的民生效应；另一方面，数字化和人工智能的发展在创造新的工作岗位的同时，也会引发结构性失业，带来失业风险，尤其是大量中低技能工作岗位可能被机器替代，带来技术进步对就业的“创造性破坏”，并产生所谓的“数字弱势阶层”（Frey和Osborne，2013；Arntz等，2016；Helsper和Reisdorf，2016）。鉴于数字化对就业的影响，开展“惠民”数字合作的关键在于，防范数字化对当地就业的冲击和影响，开展劳动者数字技能和人力资本建设方面的数字合作。

第二，数字能力建设需求。数字化能力建设的关键和核心在于人的能力建设，这既包括人的基本数字技能，也包括人运用数字化的能力。数字化基本能力包括，使用电脑、手机、互联网等基础设备和网络的能力。数字化运用能力指数字化在经济、社会、商贸、教育、政府治理等领域的运用；以及个人层面的数字技能提升，如运用数字技能、数字化平台，从事商贸和经营活动的能力。惠民数字合作的动力和重要组成部分是，加强数字化能力建设，包括通过培训、知识分享、经验共享等多途径加强人的数字化能力建设。

第三，数字化风险的存在。根据世界经济论坛发布的《全球风险报告》，网络攻击、数据欺诈及盗窃、数字权力的聚集和数字化不平等，均是排名较为靠前的全球高发风险（World Economic Forum，2018，2020）。数字鸿沟以及数字化运用能力和效益差异，成为全球经济社会发展不平衡的重要源泉，由此带来的垄断和经济社会风险也成为不容忽视的全球风险。在潜在的数字合作风险背景下，以人民为中心是对外数字合作的重要理念支撑和指导。网络信息安全风险、网络空间安全风险、网络犯罪、垄断和经济社会风险等，均需要加强全球合作和全球数字治理。无论是技术层面还是经济社会层面的数字合作风险，都凸显了数字合作应坚持以人民为中心和普惠包容的原则。

第五节　主要内容和研究方法

一　主要内容

如图 1.1 所示，全书由三个板块构成，分别是数字合作全球趋势分析、数字合作三维度学理分析、中国数字合作路径分析。三者存在紧密的逻辑关系，全球趋势和国际环境决定和塑造着数字合作需求、能力建设需求、数字合作风险，这三个因素进一步决定和塑造中国的数字合作及路径选择。具体而言，本书的分析主要包括以下三个板块。

一是全球和地区层面数字合作趋势和国际环境分析。本书下一章，即第二章基于全球映射（Global Mapping）的研究方法，分析全球层面数字化领域国际发展合作的趋势和特征，地区层面的数字化战略和数字合作机遇，立足中国，刻画了当今全球数字合作的趋势和国际环境。

二是数字合作的动因与学理分析，分别从需求导向、能力建设视角分析数字合作的可行性和意义，并从风险角度分析数字合作的约束因素和外在条件（见图 1.1）。“需求导向”是开展对外数字合作的合法性基础，第三章从需求导向视角分析数字合作需求，分别分析立足中国，开展对外数字合作对中国的意义，以及全球数字鸿沟背景下，其他国家尤其是发展中国家和地区对数字化和开展数字合作的需求。在人类命运共同体这一全球价值观下，中国的双多边国际发展合作，在实践和对外宣传中，应当进一步加强中国特色的理念和方法论支撑。需求导向原则，从根本上有别于西方对外援助中标榜和执行的“价值观导向”原则。“需求导向”既是南南合作的首要原则，也是开展对外数字合作的合法性基础。因而，全球数字合作首先需要研究和甄别哪些领域存在数字合作需求。本研究认为，数字合作需求来源于全球数字合作趋势、战略政策和全球数字鸿沟。因而，本书需求分析部分侧重数字鸿沟、发展中国家的数字短板和合作需求表现。对外数字合作中，既要兼顾缩小全球数字鸿沟和开展数字合作的国际需求，也要立足中国进行需求评估、风险评估和管理。

依托“能力建设”和中国在国际发展合作中秉持的“授人以渔，自主发展”的政策主张，第四章结合国际发展领域常用的人类发展理论，开展能力建设方面的分析。数字化能力涵盖两个领域、四个层面的能力。两个领域的数字化能力指数字化基本能力和数字化运用能力。四个层面的数字化能力包括：数字化基础设施能力，如网络联通、信息通信、数字化基础设施和基本服务能力；经济社会层面的数字化能力，指数字化在经济、社会、商贸、教育、政府治理等领域的运用，如平台经济、电子商务、网约服务、线上教育、电子政务等；个人层面的基本数字技能，指使用互联网、手机和通过数字化获得基本服务的能力，以及运用数字技能、数字化平台，从事商贸、支付、远程办公、参与就业和其他获取收入的生产、服务和经营活动的能力；国际发展合作层面，数字化指可持续发展项目、对外援助和国际发展合作中的数字化运用。数字技能和数字化运用能力差异，是决定多大程度上实现“数字红利”的根本因素。“能力建设”是国际发展合作的重要合作领域和目标，也是对外援助和国际发展合作中的弹性领域，与基础设施援建等传统对外援助方式相比，能力建设方面的国际发展合作，投资低、影响广。因而，延续“授人以渔”原则，应重点关注数字化能力建设方面的合作，注重知识分享、经验共享、培训等方面的合作方式。知识和经验分享，是近年来越来越重要的国际发展合作参与方式。加强知识和经验分享，既有助于加强发展中国家的能力建设，也更符合当前国际发展合作的大环境。同时，知识和经验分享也是助力讲好中国故事、分享传播中国经验的重要途径。

数字化领域的对外援助和国际发展合作，还应加强风险意识、风险评估和风险管理，既要防范和管理与数字化直接相关的网络安全、信息安全等技术层面的数字化风险；也要防范和应对数字化相关的政治、经济、社会风险，如网络空间安全风险、数字鸿沟、垄断、对劳动力市场的冲击等；此外，还要防范对外援助和国际发展合作中的一般性风险，如地缘政治、政权不稳定、相应的歧视性规定和制裁风险等。第五章分析了数字合作的潜在风险，包括与数字化相关的特殊风险以及对外援助和国际发展合作中的一般性风险。

作为学理分析到路径分析的过渡，第六章分析西方发达国家数字化对外援助动向，以及近年来一些西方发达国家出台的数字化对外援助战略，探讨了西方发达国家数字化领域对外援助的特征、西方数字化对外援助的经验不足及借鉴。近年来，西方发达国家越来越重视数字化对外援助，系统性地实施数字化领域的对外援助，出台专门的中长期数字化对外援助战略和政策。日本、美国、英国、比利时、丹麦、德国、挪威等西方国家纷纷出台相应的数字化对外援助战略、政策或倡议。数字化也正在成为国际贸易、国际投资、对外援助，甚至是价值观念和治理理念传播的国际角力场。西方数字化领域的对外援助，延续了西方对外援助的“价值观导向”原则，也因而延续了其传统对外援助的不足。中国在对外数字合作和宣传中，应凸显与西方发达国家实施“价值观导向”援助项目的不同，提出中国的数字合作方案和理念，重点突出发展中国家的需求导向、能力建设，不断发展完善和宣传中国的坚持以人民为中心的发展、治理和国际发展合作理念。

本书第三板块是数字合作路径分析，即基于前述数字合作国际环境、动因和学理分析的基础上，分别从双边对外援助、多边国际发展合作、地区合作三个层面，论述数字合作的路径和新时代提升中国的双多边国际发展合作能力的关键领域。第七章探讨数字合作路径之双边对外援助；第八章分析了数字化领域的多边国际发展合作路径与领域；第九章分别从人才、研究、宣传三个领域论述提升中国双多边国际发展合作能力的关键，并通过深度案例分析方法，论述相应举措的意义和效果；第十章论述了欧盟、非盟、东盟、中亚、南亚、拉美等区域和次区域层面的数字化战略、数字合作，以及中国与相应地区和国别数字化战略和数字合作倡议精准对接的必要性；第十一章论述中国数字化国际发展合作路线图，并在此基础上提出中国数字化领域国际发展合作路径选择和建议。

二　研究方法

本书在研究方法上，使用全球映射（Global Mapping）、文案分析、深度案例分析等多种方法。对全球和地区层面的数字合作趋势、需求的分析，采用全球映射，即全球扫描式的研究方法，分国际组织、地区、国别分别分析相应的数字化国际发展合作动向、倡议、对外援助，在相应政策和战略分析的基础上，分析其特征和发展趋势。

本书还采用深度案例分析的方法，围绕不同的领域和专题，以案例分析的形式探讨相应的研究问题。例如，对全球数字治理的研究，以二十国集团（G20）数字经济部长会议机制为例，分析了其2017年以来的发展演变和主要特征。关于国际发展合作基金的研究，以印度为例，深入分析“印度—联合国发展伙伴关系基金”的运营、决策模式、特征、效果以及借鉴启示。在增强国际发展合作能力建设章节，关于对发展中国家的研究重要性的论述，以加拿大为例，分析1970年加拿大设立的国际发展研究中心在过去50余年里，如何通过资助支持发展中国家的研究、加强对发展中国家人才的培养等措施，提升其国际影响力，论述加拿大实践的启示意义。人才是提升国际发展合作能力的关键，本书以联合国为例，分析自1954年以来，联合国成员国政府尤其是西方发达国家如何向联合国选拔推送本国青年职员，以联合国青年专业技术职员项目为例，深入分析了当前联合国成员国向联合国推送本国青年职员的概况、发展趋势、意义和特征、发展中国家代表性不足及对中国的启示和意义。

第二章

全球数字化国际发展合作趋势

第一节　国际组织数字化战略和数字合作倡议

近年来，国际上对加强数字化领域的国际发展合作凝聚了越来越多的共识，联合国、世界银行等国际组织纷纷提出数字化转型战略、数字合作倡议、机构数字化改革和转型等。较早的数字合作倡议主要关注宽带和网络联通，早在2010年，响应时任联合国秘书长潘基文推动“千年发展目标”（Millennium Development Goals）的号召，国际电信联盟和联合国教育、科学及文化组织设立“数字发展宽带委员会”（Broadband Commission for Digital Development）。2015年，伴随着联合国提出“可持续发展目标”，该委员会更名为“宽带可持续发展委员会”（UN Broadband Commission for Sustainable Development）。该委员会成立的主要使命是，推广和普及宽带连接。具体目标和业务领域包括：宽带政策普及化，推动成员国形成国家层面的宽带政策或战略；使宽带服务价格负担得起；普及宽带连接；提升数字技能，尤其是青年和成年人的数字技能；数字化金融服务；中小微企业的数字化联通；互联网和数字联通的性别平等①。

超越网络联通，现代意义的、广义的数字化战略和数字合作倡议则密集出现在近些年，如表2.1所示。2016年世界银行提出“数字发展

---

① 联合国宽带可持续发展委员会网站，https://broadbandcommission.org/Pages/10thAnniversary.aspx。

伙伴关系”倡议①，2019 年联合国开发计划署推出“数字化战略”②，2020 年联合国秘书长发布《数字合作路线图》（Secretary-General's Roadmap for Digital Cooperation）（UN，2020）。联合国和世界银行的两项报告，对于增强全球数字合作共识，促进相关数字合作倡议的出台发挥着重要作用。

一是 2016 年世界银行发布的《世界发展报告》，呼吁推动全球数字化，实现和扩大“数字红利”（World Bank，2016）。基于《世界发展报告》，世界银行于 2016 年提出“数字发展伙伴关系”（DDP）倡议，旨在帮助发展中国家借力数字化解决自身的发展问题。“数字发展伙伴关系”倡议为数字化创新和发展融资提供了平台，通过动员公共和私营部门，加强对发展中国家的支持，尤其是促进发展中国家在制定和实施数字化发展战略和规划方面的支持③。倡议聚焦于六个领域：数据、数字经济扶持环境、网络安全、实现所有人都能上网的目标、数字化政府、推广数字化服务以及数字化解决方案和平台④。

二是 2019 年联合国发布的《数字化相互依存的时代——联合国秘书长数字合作高级别小组论坛报告》（以下简称《报告》），呼吁开展全球数字合作。2018 年 7 月，联合国秘书长数字合作高级别小组论坛（High-level Panel on Digital Cooperation）召开，探讨数字化领域的国际发展合作，以使数字化的经济、社会、法律、道义正面影响最大化，负面影响最小化⑤。《报告》提出数字化领域的五个建议和方向：构建包容性的数字经济和社会、加强数字化能力建设、保护人权和发挥人的主观能动性、加强数字信任安全及稳定、加强全球数字合作⑥。《报告》

---

① 世界银行网站，https://www.worldbank.org/en/programs/digital-development-partnership。

② 联合国开发计划署网站，https://digitalstrategy.undp.org。

③ 世界银行网站，https://www.worldbank.org/en/programs/digital-development-partnership。

④ 世界银行网站，https://www.worldbank.org/en/programs/digital-development-partnership。

⑤ 联合国网站，https://www.un.org/en/pdfs/DigitalCooperation-report-for%20web.pdf。

⑥ 联合国网站，https://www.un.org/en/pdfs/DigitalCooperation-report-for%20web.pdf。

呼吁动员成员国政府、私营部门、市民社会、智库等多方面利益攸关方，共同推动数字化，并通过发挥数字化的作用，实现“不让一个人落下”的全球发展目标。《报告》还提出，将于2020年任命联合国秘书长技术事务特使（Secretary-General's Envoy on Technology），推动全球数字合作。

在此基础上，2020年6月11日，联合国秘书长发布《数字合作路线图》（A/74/821）（UN，2020）。基于数字合作高级别小组的讨论和建议，以及成员国政府、私营部门、民间社会、学术机构、科技界等多方面利益攸关方的提议，《数字合作路线图》呼吁关注三方面的数字化目标：网络联通（Connect）、尊重人权（Respect）和加强保护（Protect）。网络联通目标指，到2030年，实现全民、安全、包容性和可负担得起的互联网，通过普及网络联通和弥合数字鸿沟，助推实现可持续发展目标；尊重人权，指设定网络空间安全行为规范，报告认为，网络空间和现实生活一样，同样存在人权问题，网络空间中，应当将人权和人的主观能动性置于一切事务的核心位置；加强保护，采取行动减少网上危害和数字安全威胁，尤其是保护弱势群体①。《数字合作路线图》提出的具体行动领域包括，2030年普及互联网、降低互联网价格使其可负担、推广数字公共产品、确保所有人包括弱势群体享有数字技术、加强数字能力建设、人权保护、人工智能领域合作、改善数字信任和安全、构建有效的数字合作框架等②。

联合国发展类机构尤为注重数字化，并出台了专门的数字化战略。2019年，联合国开发计划署（United Nations Development Programme，UNDP）推出《联合国开发计划署数字化战略》（UNDP Digital Strategy）（以下简称《数字化战略》），通过机构运行的数字化和发展项目的数字化两方面，增强借力数字化实现可持续发展目标的意识和能力，《数字

---

① The Secretary-General's Roadmap for Digital Cooperation, Office of the Secretary-General's Envoy on Technology, https://www.un.org/techenvoy/content/roadmap-digital-cooperation.

② The Secretary-General's Roadmap for Digital Cooperation, Office of the Secretary-General's Envoy on Technology, https://www.un.org/techenvoy/content/roadmap-digital-cooperation.

化战略》设定的目标是，借力数字化和其潜力促进发展[①]。《数字化战略》聚焦于两个相互关联的数字化概念："数字化转换"（Digitization）与"数字化运用"（Digitalization）。其中，"数字化转换"指将信息转换为数字化形式；"数字化运用"指数字科技的运用，将数字技术用于改变机构的运营模式（Business Model），包括创造新的或改进既有的运营模式和提升服务质量[②]。《数字化战略》提出数字化转型的两个途径：一是使用数字技术提升合作伙伴的发展能力，以及解决发展挑战和问题的能力；二是借用数字技术提升机构的工作质量和影响力，同时，提升其运营系统和内部流程效率[③]。

除出台专项的《数字化战略》，数字化转型也是联合国开发计划署新阶段战略发展规划中指出的重要发展方向和当今的时代背景。2021年9月2日发布的《联合国开发计划署战略规划：2022—2025年》（UNDP Strategic Plan，2022－2025）指出联合国开发计划署的第一个战略发展方向便是"结构性转型，包括绿色的、包容性和数字转型"（Structural Transformation，Including Green，Inclusive and Digital Transitions），并提出数字化是实现可持续发展目标和实现发展影响最大化的重要赋能和推动者（Enabler）[④]。

国际上也启动了一些相对灵活的数字化国际发展合作倡议。例如，2016年，第14届联合国贸易和发展会议（United Nations Conference on Trade and Development，UNCTAD）启动"所有人的网上贸易"（eTrade for All）倡议，旨在推动发展中国家参与和发展电子商务，帮助发展中国家获得能力建设支持和技术援助，从而实现包容性和可持续发展，通过"所有人的网上贸易"提供一个对接技术援助需求方和供给方的平台[⑤]。该倡议的核心是搭建伙伴关系，通过多元利益攸关方，包

---

① 联合国开发计划署网站，https://digitalstrategy. undp. org。

② 联合国开发计划署网站，https://digitalstrategy. undp. org。

③ 联合国开发计划署网站，https://digitalstrategy. undp. org。

④ UNDP Strategic Plan，2022－2025，https://www. undp. org/publications/undp－strategic－plan－2022－2025.

⑤ eTrade for all，https://etradeforall. org/about/.

括国际组织、地区开发银行、民间社会团体、国家政府部门和机构等，最大限度地发挥多方协同作用，解决日益扩大的数字鸿沟，帮助发展中国家更好地解决其数字经济发展进程中面临的多方面问题[①]。

世界经济论坛（World Economic Forum）提出“打造数字经济的未来和新价值创造”（Shaping the Future of Digital Economy and New Value Creation）倡议，旨在构建可持续、包容和可靠的数字化世界，重点面向和支持企业，通过“数字经济和新价值创造平台”，帮助企业借力数字技术，并创建数字化的新商业模式，实现目标导向、可持续增长和包容性发展[②]。2018 年联合国在土耳其成立联合国最不发达国家技术银行（UN Technology Bank for the Least Developed Countries），旨在提升最不发达国家的科技和创新能力，主要业务包括评估最不发达国家科学技术和创新需求、搭建伙伴关系、促进合作等[③]。

“联合国创新网络”（UN Innovation Network）作为非正式的合作倡议，通过推动知识分享和经验共享推动创新和数字化[④]。联合国难民署、世界粮食计划署、联合国国际计算中心共同启动“数字方案中心”（Digital Solutions Centre），试点推动和支持联合国的数字化变革，通过激发创新、利用新技术、支持机构间的合作，改进机构内部管理、简化流程以支持联合国的数字化转型，从而使工作人员能够专注于实质性任务，更好地履行联合国的任务[⑤]。新冠肺炎疫情暴发以来，国际上进一步推出与疫情应对直接相关的数字化行动或方案。国际电信联盟等机构纷纷组织开展有关疫情应对和疫情之后数字化合作的系列线上研讨会，旨在促进数字化领域的经验分享和伙伴关系搭建。

---

① eTrade for all，https://etradeforall.org/about/.

② 世界经济论坛，https://www.weforum.org/platforms/shaping-the-future-of-digital-economy-and-new-value-creation。

③ 最不发达国家技术银行网站，https://www.un.org/technologybank/。

④ 联合国创新网络（UNIN）网站，https://www.uninnovation.network。

⑤ 联合国数字化方案中心网站，https://www.un-dsc.org。

表 2.1　**数字化国际发展合作倡议**

提出机构	战略或倡议	目标	领域
国际电信联盟和联合国教育、科学及文化组织	宽带可持续发展委员会（2010 年）	将宽带连接的推广和普及纳入国际发展议程，扩大宽带覆盖率	推动所有国家形成宽带政策或战略；降低宽带服务价格使居民负担得起；普及宽带连接；提升数字技能；数字化金融服务；中小微企业数字化；性别平等
世界银行	“数字发展伙伴关系”倡议（2016 年）	扩大数字红利；动员公共和私营部门，提供融资平台	数据和指标；数字经济；网络安全；互联网普及；数字化政府；数字化服务平台；数字化方案和平台
联合国	“联合国秘书长数字合作高级别小组论坛”（2018 年）	借力数字化加快实现可持续发展目标，减少数字化负面影响	建构包容性数字经济和社会；数字化能力建设；保护人权；发挥人的主观能动性；数字化安全；加强全球合作
联合国	《数字合作路线图》（2020 年）	网络联通、尊重人权、加强保护	到 2030 年实现普遍、可负担的网络联通；推广数字公共产品；确保所有人，包括弱势群体均享有数字技术；加强数字能力建设；确保数字时代的人权保护；支持在人工智能领域开展合作；改善数字安全状况；构建更有效的数字合作框架
联合国开发计划署	《联合国开发计划署数字化战略》（2019 年）	增强借力数字化实现可持续发展目标的意识和能力	机构运行的数字化，通过知识分享和数据使用提升机构和服务数字化；发展项目的数字化，推动创新

资料来源：根据联合国、世界银行、国际电信联盟等机构发布的相关报告和网站信息整理所得。

第二节　全球数字合作趋势特征

前述国际组织提出的数字合作倡议和数字化战略表明，国际组织越来越重视数字化国际发展合作，数字化成为国际发展合作和全球治理的重要议题和领域。基于对全球数字合作动向和国际组织提出的数字化战略和数字合作倡议的分析，全球层面的数字化国际发展合作呈现出以下特征和趋势。

第一，与脱贫、环保等传统的国际发展合作领域相比，数字化是国际发展合作的新兴领域。全球层面的数字化国际发展合作仍处于起步和摸索阶段，现代意义的数字化战略近几年如雨后春笋般地兴起，相应的数字化战略和数字合作倡议较为零散、重合，也缺乏有效的统筹协作机制，协调多元、零散甚至是重复的数字化倡议。但全球数字合作发展迅速，当前全球层面的数字合作动向和相关战略表明，国际上越来越重视数字化领域的国际发展合作，加强数字化国际发展合作正在成为全球共识，数字化将成为国际发展合作的重要领域、目标，并将继续深化发展。

第二，数字化领域的国际发展合作兼顾“授人以鱼”和“授人以渔”，与传统对外援助和国际发展合作“修路架桥”相比，数字化国际发展合作尤为重视能力建设和人员培训。数字化既是合作的目标，也是实现发展目标的重要手段和途径。国际组织提出的数字化战略，通常包括机构运行的数字化和发展项目的数字化两方面，注重提升国际发展合作从业人员和国际发展合作项目借力数字化的意识和能力。较为典型的是，联合国开发计划署实施的“数字化战略”，包括机构运行和发展项目的数字化两个支柱，即借用数字技术提升联合国开发计划署的工作质量、影响力和工作效率，以及借力数字技术提升合作伙伴的发展能力和发展项目的数字化[①]。

① 联合国开发计划署网站，https://digitalstrategy. undp. org。

第三，多元化的伙伴关系是支持实现可持续发展目标的重要途径，与全球发展一致，数字化国际发展合作注重发展伙伴关系，重视形成多方合力，共同推动数字化。国际组织提出的数字合作倡议，注重加强发展伙伴关系和发挥多元利益攸关方的作用，以共同推动数字化和将数字化运用到可持续发展议程中。世界经济论坛创始人兼执行主席克劳斯·施瓦布在《第四次工业革命》中提出，第四次工业革命能够应对和化解一些当今世界面临的重要问题，数字合作尤为需要通力合作，从地区、国家和全球层面，与所有的利益相关方进行协作与沟通才能实现数字化目标（Schwab，2016）。世界银行提出的"数字发展伙伴关系"倡议以及联合国秘书长《数字合作路线图》，均提出动员成员国政府、私营部门、市民社会、智库等多元行为体，共同推动数字化①。

第四，数字化国际发展合作重视推广全球标准。国际组织提出的数字合作倡议，关注推动国家层面形成数字化战略和数字化政策，注重政府间对话和合作进程。从 2010 年的"宽带可持续发展委员会"到 2016 年世界银行提出的"数字发展伙伴关系"倡议，均强调促进国家层面，尤其是发展中国家，制定和实施相应的宽带和数字化发展战略、政策或规划②。国际组织对国家层面战略和政策的关注，更多地代表了西方发达援助国的话语体系，与一些发达国家在双边对外援助中的设计和提法一脉相承。例如，日本的"解决数字化鸿沟全面合作方案"中，就提出支持受援助国制定国家层面互联网发展战略、政策和法律框架③。

第五，从区域侧重性来看，非洲是数字化领域国际发展合作的重点，国际组织出台的相应数字化战略和数字合作倡议中，有一些专门面向和支持非洲。例如，2019 年 3 月，联合国"数字合作高级别小组"作为独立的、受联合国秘书长委托的专家组，启动了一系列非洲对话，

---

① 联合国网站，https://www.un.org/en/pdfs/DigitalCooperation-report-for%20web.pdf。

② 世界银行网站，https://www.worldbank.org/en/programs/digital-development-partnership。

③ 日本外务省网站，https://www.mofa.go.jp/policy/economy/it/oda/role0106.html。

聚焦探讨非洲的数字合作，推动非洲的数字化转型①；世界银行提出“数字经济非洲倡议”②；联合国非洲经济委员会与非洲联盟委员会共同启动“非洲身份证数字化、电子商务和数字经济倡议”等③。对联合国相关部门、世界银行的非洲数字化倡议的分析发现，国际组织对非洲数字化的重点关注领域包括，个人身份证、数字经济、数字基础设施、数字公共平台、数字金融服务、电子商务、数字技能等方面。

世界银行提出“数字经济非洲倡议”（Digital Economy for Africa Initiative，DE4A），目标是到2030年确保非洲在个人、企业和政府层面均实现数字赋能，以支持非洲联盟（以下简称“非盟”）实现《非洲数字化转型战略（2020—2030年）》。“数字经济非洲倡议”下，世界银行与其他发展伙伴和部门，共同支持非盟发展，并实现非洲的数字化转型战略④。为提升效率，“数字经济非洲倡议”提出了一个五维度的测量和评估指标，即数字经济计分卡。该指标涉及数字基础设施（Digital Infrastructure）、数字公共平台（Digital Public Platforms）、数字金融服务（Digital Financial Services）、数字商业（Digital Business）、数字技能（Digital Skills），从而形成了专门的非洲数字经济倡议指标⑤。

2018年，联合国非洲经济委员会（United Nations Economic Commission for Africa，UNECA）与非洲联盟委员会（African Union Commission，AUC）共同启动“非洲数字身份证、数字贸易和数字经济倡议”（Digital Identity，Digital Trade and Digital Economy for Africa，DITE），聚焦于数字身份证、电子商务、数字经济三个领域，并成立了“数字身份证、贸易和经济卓越中心”，支持非洲国家全面地运用和开发数字技术及其

① 《启动数字合作非洲对话系列》，非洲联盟网站，https://au.int/en/pressreleases/20190328/africa - dialogue - series - digital - cooperation - launched。

② 世界银行网站，https://www.worldbank.org/en/programs/all - africa - digital - transformation。

③ 联合国非洲经济委员会（UNECA）网站，https://www.uneca.org/dite - africa。

④ 数字经济非洲倡议（DE4A），世界银行网站，https://www.worldbank.org/en/programs/all - africa - digital - transformation。

⑤ 数字经济非洲倡议（DE4A），世界银行网站，https://www.worldbank.org/en/programs/all - africa - digital - transformation。

潜力①。根据联合国非洲经济委员会的甄别，非洲实现个人身份证、商务贸易和经济的数字化面临多方面的障碍，包括基础设施障碍（宽带、农村地区和营地的服务和基础设施的缺乏）、经济障碍（注册费等经济成本高）、缺乏对民事登记和出生登记重要性的认识、法律和行政障碍（缺乏允许非国民进行民事登记的法律）以及信任缺失（数字隐私保护、网络攻击、网络诈骗、缺乏相应法律规制和治理）等②。

表 2.2　**世界银行"数字经济非洲倡议"**

支柱	目标
数字基础设施	提升宽带网络连接覆盖率 提升宽带网络连接质量 降低宽带价格
数字公共平台	提升公共服务数字化平台的普及性、采用度 提升成年人拥有身份证的比例
数字金融服务	普及数字经济服务 普及数字金融服务
电子商务	提升互联网、数字经济新企业数量 提升平台企业和数据驱动型企业的数量
数字技能	提升教育机构网络连接水平 提升劳动者数字技能，特别是青年和成年人拥有高级数字技能的比例劳动者

资料来源：世界银行"数字经济非洲倡议"（Digital Economy for Africa Initiative, DE4A），https://www.worldbank.org/en/programs/all-africa-digital-transformation/ambition。

第六，传统的可持续发展议程设定了全球一致的发展目标，而在数字化领域，不同发展阶段的国家和地区的数字化目标更为复杂、多元和多层次。当前全球整体的数字合作水平仍然较低，国家间的数字化需求、数字化能力、法律规制环境、发展阶段、对数字化的理解和重视程

① 联合国非洲经济委员会（UNECA）网站，https://www.uneca.org/dite-africa。

② 联合国非洲经济委员会（UNECA）网站，https://www.uneca.org/dite-africa/what-are-challenges-dite-africa。

度存在较大差异。这些差异既带来了数字合作和对话空间，也一定程度上阻碍全球层面的数字合作。如一些研究指出的，不同的工业化水平和收入水平下，数字化对发展的影响存在较大差异，对于正在同时经历工业变革和数字化变革的发展中国家而言，数字化的影响更加复杂（Heimerl 和 Raza，2018）。因而，在全球数字合作背景下，需要结合受援助国自身发展阶段、数字化能力和实际需求进行援助或合作，避免“一刀切”（One Size Fits All）的数字合作倡议。

第三节　区域层面数字化战略动态

数字化也正在成为区域层面的重要议程。地区层面数字化战略的出台与数字化领域的国际发展合作存在密切联系。一方面体现了地区层面对数字化的重视，为数字化领域的国际发展合作提供了地区层面的驱动力；另一方面，全球层面数字化领域的国际发展合作趋势以及对数字合作的重视，进一步推动区域层面对数字化的关注和数字化的深化发展。欧洲、亚洲、非洲等地区政府间组织出台了一系列数字化转型战略和倡议（见表 2. 3）。例如，欧洲联盟（以下简称“欧盟”）界定的 2019—2024 年“欧洲六大优先议程”，第二条便是“适应数字化时代的欧洲”，三大战略支柱包括数字科技、数字经济和开放民主的数字化社会①。欧盟还提出“数字经济和社会指数”（DESI）作为评估欧洲发展的指标②。

地区层面，数字化成为东南亚地区的重要议程。东南亚国家联盟（以下简称“东盟”）提出“数字化东盟倡议”（Digital ASEAN Initiative），旨在支持东南亚的数字经济项目，以增强地区经济包容性。该倡议重点关注四个领域：形成泛东盟数据政策（Pan-ASEAN Data Policy）；增强东盟劳动力数字技能（ASEAN Digital Skills）；发展东盟数字化支

① 欧盟委员会网站，https://ec.europa.eu/info/strategy/priorities-2019-2024/europe-fit-digital-age/shaping-europe-digital-future_en#three-pillars-to-support-our-approach。

② 欧盟委员会网站，https://ec.europa.eu/digital-single-market/en/desi。

付，建设共同的数字化支付框架（ASEAN e-Payments）；东盟网络安全建设（ASEAN Cybersecurity）。东盟框架内，以此为基础分别成立四个专项工作组，均由多方面利益攸关方（私营部门、成员国政府、国际组织、学术界）构成①。2018 年启动了东盟数字化技能愿景；在金融支付领域，2019 年 3 月，设立东盟数字化支付联盟。《2025 年东盟经济共同体蓝图》指出，东盟将继续把缩小地区数字鸿沟和普及数字红利作为区域优先议程②。《东盟互联互通总体规划 2025》提出五大地区互联互通支柱，其中，第二个支柱是数字创新，实现地区互联互通③。世界经济论坛与东盟提出“数字化东盟”，旨在支持东南亚的数字经济项目，重点关注泛东盟数据政策、增强东盟劳动力数字技能、发展东盟数字化支付以及加强东盟网络安全建设④。

亚洲的发展银行也出台了相应的数字化议程和战略。其中，亚洲开发银行侧重机构运行的数字化，亚洲基础设施投资银行侧重数字化基础设施建设。2018 年 10 月，亚洲开发银行提出“2030 年数字化议程”，关注机构运行数字化、推广灵活创新的数字化金融产品和服务、改进亚洲开发银行的服务、数字化办公场所建设等⑤。2020 年 6 月，亚洲基础设施投资银行发布的《数字基础设施战略》提出，亚洲基础设施投资银行将重点关注和支持数字化硬件和软件基础设施建设，包括网络联通、数据处理和储存、服务和运用、终端和设备⑥。

地区层面尤为值得关注的是非洲的数字化战略。2020 年 5 月，非

① 世界经济论坛网站，https://www. weforum. org/projects/digital – asean。

② 《2025 年东盟经济共同体蓝图》（*ASEAN Economic Community Blueprint 2025*），东盟网站，https://aseandse. org/wp – content/uploads/2021/02/AEC – Blueprint – 2025 – FINAL. pdf。

③ 《东盟互联互通总体规划 2025》（*Masterplan on ASEAN Connectivity 2025*），东盟网站，https://asean. org/wp – content/uploads/2016/09/Master – Plan – on – ASEAN – Connectivity – 20251. pdf。

④ 世界经济论坛网站，https://www. weforum. org/projects/digital – asean。

⑤ 亚洲开发银行网站，https://www. adb. org/documents/digital – agenda – 2030 – special – capital – expenditure – requirements – 2019 – 2023。

⑥ 亚洲基础设施投资银行网站，https://www. aiib. org/en/policies – strategies/operational – policies/digital – infrastructure – strategy/. content/_ download/AIIB – Digital – Strategy. pdf。

盟提出《非洲数字化转型战略（2020—2030 年）》，将建设数字化社会作为非洲的战略目标，提出到 2030 年建成非洲数字化市场、普及互联网、创造投资和金融环境以缩小数字基础设施差距、发展数字经济、建设数字化法律制度、提升数字技能和加强人力资本①。这也意味着未来十年，数字化将是非洲与外界合作的重要领域之一。《非洲 2063 年议程》中的 15 项旗舰项目，有三项与数字化直接相关，包括“泛非洲数字网络”“建设非洲网络虚拟大学”，以及“网络安全建设”②。

此外，阿拉伯国家也推出一些相应的数字合作战略，如阿拉伯数字经济联盟（Arab Federation for Digital Economy）的成立以及“阿拉伯数字经济战略展望”的提出，主要关注四个领域：法律规制建设、基础设施和知识经济的发展、中小型企业数字化以及建构阿拉伯国家电子政务和智能政府③。

如表 2.3 所示，综合不同地区政府间组织提出的数字化战略和规划，地区层面的数字合作需求和机遇主要表现在，网络联通设施建设、电商合作、中小微企业数字化运用合作、金融领域的数字化合作、数据分享和管理、智慧城市建设合作、劳动者数字技能培训合作、网络空间安全和信息安全合作等。其中，亚洲、非洲等发展中国家和地区的数字化转型战略，蕴藏着重要机遇和合作需求。

表 2.3 **地区数字化战略**

提出机构	战略或倡议	目标	领域
欧盟	打造欧洲的数字化未来	发展数字技术，发展公平和有竞争力的数字经济，形成开放民主和可持续发展的社会	保护数据、构建数字化市场、营造适应数字化的政策环境、建设数字化经济和社会、形成欧洲数据战略

续表

① 非盟网站，https://au.int/sites/default/files/documents/38507 - doc - dts - english.pdf。

② 非盟网站，https://au.int/en/agenda2063/goals。

③ 阿拉伯数字经济联盟网站，https://www.arab - digital - economy.org/en/strategy - thrust/。

提出机构	战略或倡议	目标	领域
亚洲基础设施投资银行	数字基础设施战略（2020 年）	数字化基础设施建设	建设数字化硬件和软件基础设施（硬件设施包括运输与连接、数据处理与储存；软件基础设施包括终端设备、服务与应用）
东盟/世界经济论坛	数字化东盟倡议	发展地区数字经济，增强地区经济包容性	制定共同的区域数据政策；提升数字技能；推广数字化支付，构建共同的东盟数字化支付框架；进行网络安全合作和能力建设
非盟	非洲数字化转型战略（2020—2030 年）	建设数字化市场，降低互联网价格，缩小数字化基础设施差距，发展数字经济，制定政策和法律法规	战略支柱：数字化环境、政策和规制建设；数字化基础设施建设；数字技能和人力资本提升；数字化创新和创业
阿拉伯国家	阿拉伯数字经济联盟、阿拉伯数字经济战略	阿拉伯国家数字化建设	法律制度建设；科技基础设施的发展；知识经济的发展；中小型企业的数字化；电子政务和智能政府服务的供给

资料来源：根据欧盟、东盟、亚洲基础设施投资银行、非盟等机构发布的相关报告和网站信息，整理所得。

第四节　小结

较早的全球数字合作倡议主要关注宽带和网络联通，而现代意义的数字化战略和数字合作倡议则密集出现在近几年，如世界银行提出的“数字发展伙伴关系”倡议、联合国开发计划署推出的“数字化战略”、联合国秘书长《数字合作路线图》、联合国贸发会启动的“所有人的网上贸易”倡议、世界经济论坛提出的“打造数字经济的未来和新价值创造倡议”“联合国创新网络”“联合国数字方案中心”等。

全球层面的数字合作趋势和相应数字化战略的颁布实施表明，国际上对加强数字合作凝聚了越来越多的共识，数字化成为国际发展合作的重要领域和发展趋势。同时，数字化也成为区域层面的重要议程和合作领域，加强区域层面数字合作也是未来地区合作的重要趋势，尤其是亚洲、非洲等发展中国家和地区推出的数字化转型战略，蕴藏着重要机遇和合作需求。应高度重视全球和地区层面的数字合作动向和趋势，加强对外数字合作的研究布局，密切跟踪全球数字合作趋势和国际组织出台的数字化战略和数字合作倡议，加强与国际组织的协调；在区域层面，结合不同地区的数字化进程、发展阶段和实际需求，精准对接相应的区域数字化战略和发展规划，提升中国双多边国际发展合作的影响力。

第三章

数字化国际发展合作的需求分析

数字化领域的国际发展合作，首先需要研究和甄别哪些领域存在数字合作需求。“需求导向”是开展国际发展合作，尤其是南南合作的合法性基础和根本原则①。对于国家行为体而言，受援助国或合作伙伴国单方面的需求也不足以成为国际发展合作，尤其是双边对外援助的动因。中国在实施数字化领域对外援助和国际发展合作中，需要综合考虑立足中国的国内发展和国际倡议的统筹和合作需求，兼顾受援助国的发展需求和全球发展目标，并加强相应的评估，在互利共赢的基础上，加强数字合作。缩小全球数字鸿沟、发展中国家的数字短板和数字合作需求是开展数字合作的合法性基础。2021 年发布的《新时代的中国国际发展合作》白皮书，论述到中国的国际发展合作“充分尊重其他发展中国家的意见，通过友好协商确定合作项目，不做超越合作伙伴发展阶段、不符合合作伙伴实际需要的事”②。因而，加强数字化领域的国际发展合作，首先需要研究和甄别在哪些领域存在数字合作需求。基于对全球数字鸿沟和发展中国家数字短板、数字合作需求的分析发现，全球数字合作需求尤为表现在，网络联通需求、数字化运用需求、数字治理和问题解决需求、能力建设等方面。如图 3.1 所示，本章依次分析立足中国和立足全球的中国对外数字合作需求。

---

① United Nations, “Report of the Second High-level United Nations Conference on South – South Cooperation”, https://www.unsouthsouth.org/wp-content/uploads/2019/07/N1920949.pdf.

② 《新时代的中国国际发展合作》白皮书，新华网，http://www.xinhuanet.com/2021-01/10/c_1126965418.htm。

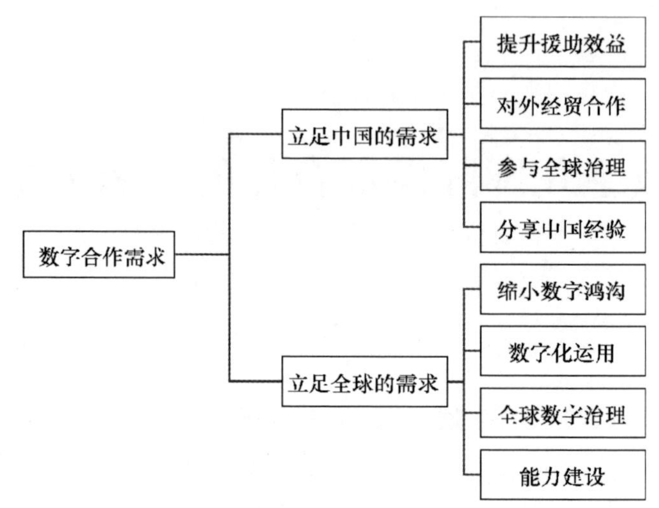

图 3.1 需求导向视角下的数字合作

资料来源：笔者绘制。

第一节 立足中国的数字合作需求

需求导向为数字合作提供了合法性基础。中国在实施数字化领域对外援助和国际发展合作中，应首先立足于服务中国的国内发展和国际倡议，在此基础上，兼顾缩小全球数字鸿沟的目标。数字化和数字合作是全球和时代发展趋势，不仅要实现国内经济发展“数字红利”，也要借力数字化提升中国的国际影响力，实现“国际数字红利”。鉴于加强数字化领域国际发展合作共识的不断凝聚，以及数字化对加快实现可持续发展目标的意义，中国将不可避免地参与，并应主动加强数字化领域的国际发展合作。数字合作对助力共建“一带一路”，提升对外援助影响力，参与全球治理，扩大贸易、投资和市场，以及分享中国经验和对外宣传具有重要意义。为更好地服务国内、国际两个大局，在未来的对外援助和国际发展合作中，应进一步聚焦数字化这一前沿、重要和能发挥中国优势的领域，也有助于开创中国参与和推动国际发展合作、全球治理的新局面。立足中国的数字合作需求分析发现，中国的数字合作需求重点表现在以下方面。

第一，适应全球数字合作时代趋势和数字鸿沟的客观存在，数字化领域的国际发展合作有助于提升中国对外援助的效果和影响力。中华人民共和国成立以来，特别是改革开放后，中国积极开展对外援助，对服务国家外交大局、提升国际影响力发挥了重要作用。对外援助既是大国外交的重要手段，也是彰显国家道义的重要载体，对提升国际影响力发挥着重要作用。同时，加大对发展中国家尤其是对最不发达国家的对外援助，对于缩小南北发展差距、推动全球可持续和平衡发展、深度融入世界经济格局具有重要意义。以往研究也表明，援助的稳定性和可预期性是提升对外援助效果的重要因素（Liu 和 Li，2022；Kodama，2012）。为进一步提升对外援助影响力，须在援助领域上加强规划设计，紧密结合时代趋势，关注新的、有发展潜力和国际社会普遍关注的议题，且能够发挥中国优势的领域。数字化和数字合作是重要的全球发展趋势，也是国际社会普遍关注的发展议题。从需求方角度看，亚洲、非洲等发展中国家和地区提出的中长期数字化战略蕴藏着重要的合作机遇和需求。无论是全球层面的数字化国际发展合作战略和倡议，还是地区层面数字化转型战略，均为实施数字化领域的对外援助和国际发展合作提供了有利的国际环境。数字化领域的对外援助和国际发展合作蕴藏着商贸和投资机遇，对外援助中应加大数字化领域的援助力度，发挥国际发展“数字红利”，提升中国的国际影响力和议程设置能力。

鉴于当前全球数字合作动向和趋势，应加大对外数字合作的研究布局，借力国际上的数字化战略和数字合作倡议，积极参与和主导相应的数字化议程，形成有中国特色的数字化国际发展合作倡议，将数字化嵌入到共建“一带一路”倡议中。

第二，数字化领域的双多边国际发展合作对于深化中国对外贸易合作，尤其是对扩大对发展中国家的投资、贸易和市场具有重要意义。数字基础设施，尤其是先进产业、信息通信技术和电子信息设备领域的投资和经贸合作，有助于开拓市场，带动国内生产制造业和出口的增长。受数字科技的发展、数字竞争和消费者行为的数字化等因素的影响，经济商贸领域正在经历深刻的数字化转型和变革（Verhoef 等，2021）。数字经济在全球经济中占据越来越高的比例和重要的位置（Bukht 和 Heeks，2017；Knickrehm 等，2016）。除了互联网技术、信息通信技术等最直接的数字产品生产和服务部门，被数字化的经济部门，如平台经济、共享经济，以及更广义的数字化经济部门，如工业 4.0、精准农业、电子商务等，都蕴藏着重要的经济商贸合作机遇。

第三，数字化是全球和区域层面的重要议程，对外数字合作和相应的数字化议程和倡议是参与全球治理的重要抓手。2021 年 4 月 27 日，时任联合国大会主席组织召开“数字合作与联通高级别主题辩论：全社会动员消除数字鸿沟”会议，重点探讨数字化问题和负面效应，包括虚假信息、网络犯罪、暴力极端主义和恐怖主义的传播、网络骚扰，特别是针对女性和儿童的网络骚扰，提出需要在缩小全球数字鸿沟的同时全球通力合作，加强“全球数字治理”①。在无政府状态和世界多极化趋势下，全球治理是各国政府、政府间组织、非政府组织、市民社会、跨国公司、学术界和媒体等多方参与，以管理和应对共同问题和挑战的努力和重要举措②。与此同时，全球治理也折射出多元化甚至相互冲突的利益、理念和价值观念，全球数字治理本身也是多方博弈的过程。全球数字治理背后蕴藏着复杂的政治、经济、宗教、文化、价值观念和意识形态差异，中国需要积极参与全球数字治理，追求互利共赢，避免国际上将与中国价值观念和利益不符的治理理念强加到全球数字治理和相应的标准和规制制定中。

第四，在数字技能和数字化运用方面的培训和经验分享，将助力于讲好中国故事，分享传播中国经验。中国在数字化方面，尤其是在经济、就业、教育、政府治理等领域的数字化运用上，积累了

① 2021 年 4 月 27 日举办的“数字合作与联通高级别主题辩论：全社会动员消除数字鸿沟”会议（High-level Thematic Debate on Digital Cooperation and Connectivity，27 April，2021），联合国大会（General Assembly of the United Nations）网站，https://www.un.org/pga/75/digital-cooperation-and-connectivity/。

② 《天涯成比邻：全球治理委员会报告》，全球治理委员会网站，https://www.gdrc.org/u-gov/global-neighbourhood/chap1.htm。

大量的知识产品、经验和优秀实践做法，为发展中国家的数字化和全球治理提供了重要的经验参考。但是在国际传播上有待进一步展开，尤其是面向发展中国家的经验分享。知识和经验分享作为支持实现可持续发展目标的重要方法，其意义在国际组织和发展中国家之间越来越受到认可。数字化领域的知识和经验分享，既为缩小数字鸿沟、发挥数字红利贡献中国智慧，也将助力多层次、真实立体地讲好中国故事。

第二节　缩小全球数字鸿沟需求

缩小数字鸿沟是重要的时代发展议题，并具有重要的经济社会和安全意义。全球数字鸿沟尤为表现在，网络联通鸿沟和数字化运用鸿沟。数字鸿沟的扩大既是全球经济社会发展不平衡的表现，也是致使全球发展不平衡的重要原因。第四次工业革命的风险在于“赢者通吃”，在高度联通的世界和“万物互联”的背景下，数字鸿沟和相应的不平等的增加，也助推了社会分割、碎片化和社会不稳定，这些因素会助长暴力极端主义（Schwab，2016）。因而，应高度重视缩小数字鸿沟和相应的社会不平等，及时应对和解决数字鸿沟问题对于社会稳定也具有重要意义。

发展中国家越来越强调数字化，呼吁解决数字鸿沟。2021 年 6 月初，在第 20 届南南合作高级别委员会会议上，多个发展中国家提出，数字化转型对推动全球发展有较大的潜力，呼吁通过南南合作缩小全球数字鸿沟①。作为发展中国家代表的“77 国集团和中国”提出，数字鸿沟在扩大，南南合作更加必要，在应对脆弱性、缩小数字鸿沟和加强社会保护等方面应加强南南合作。

全球数字鸿沟的首要表现是网络联通鸿沟，网络联通也是最基本

---

① 联合国南南合作办公室网站，https://www.unsouthsouth.org/our-work/policy-and-intergovernmental-support/high-level-committee-on-south-south-cooperation/high-level-committee-on-south-south-cooperation-20th-session/。

的数字化需求。2020 年，联合国秘书长《数字合作路线图》提出，数字化应优先重视互联互通，拥有互联网和设备费用承担能力是数字化进程中的根本问题（UN，2020）。如图 3.2 所示，2000 年以来，互联网在全球快速发展并被广泛使用，截至 2020 年，全世界 93% 的人生活在有互联网覆盖的地方，但仅有 53.6% 的人在使用互联网。全球仍有约 35 亿人没有互联网（UN，2020；UNDP，2019a）。从全球互联网使用情况来看，固定宽带网络的普及速度相对缓慢，2018 年，每百人使用固定宽带的用户数仅为 14.5 人；相比之下，移动蜂窝网络的普及尤为迅速，由 2000 年的每百人 12 个用户数，增加到 2018 年的每百人 106.4 个用户数。世界银行的报告指出，基础设施薄弱、垄断、价格高昂等因素，阻碍互联网的普及（World Bank，2016）。

网络联通鸿沟表现为不同发展阶段的国家之间、不同区域之间以

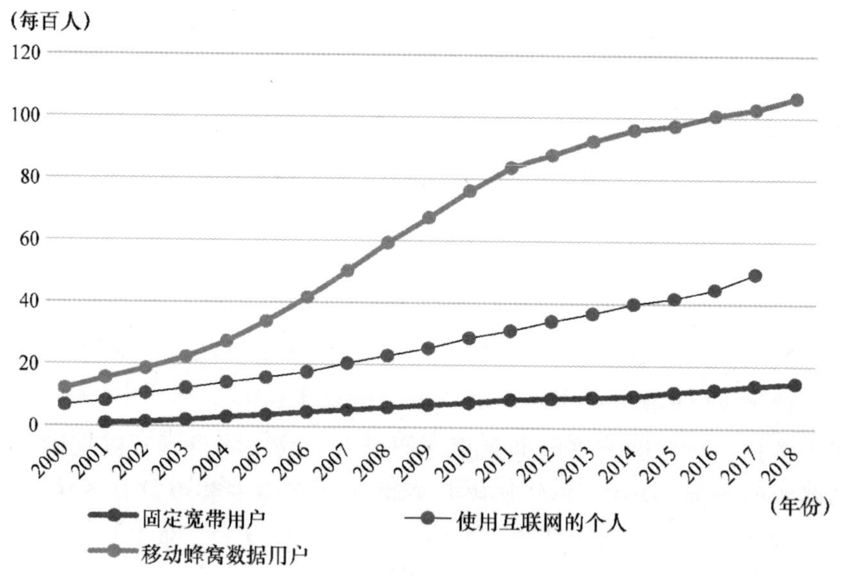

图 3.2 全球互联网使用情况及变化趋势

注：使用互联网的统计单位是个人，固定宽带和移动蜂窝网络的统计单位是用户订阅数，1 个人会有 1 个或多个用户订阅数。

资料来源：根据世界银行数据整理得到，https://data.worldbank.org/indicator/IT.MLT.MAIN? end = 2019&start = 2010&view = chart。

及国家内部的差异。首先，最不发达国家的网络联通程度最低，仅有19.1%的人使用互联网，而在发达国家这一比例为86.6%（UN，2020）。2019年联合国开发计划署发布的《人类发展报告》以人类发展指数（HDI）为依据，比较不同HDI水平国家的互联网普及情况，处于不同发展水平的国家在网络联通方面存在较大鸿沟（UNDP，2019b）。如表3.1所示，人类发展指数水平越高的国家和地区，互联网越普及。HDI超高水平国家在移动蜂窝数据、拥有互联网、拥有电脑、宽带安装方面，分别是HDI低水平国家的2倍、5.6倍、8.3倍、35.4倍。

表3.1　**不同发展水平国家和地区的互联网普及程度**

人类发展指数（HDI）水平	移动蜂窝网络用户数（每百人）	有互联网的家庭占比（%）	有电脑的家庭占比（%）	宽带用户数（每百人）
低水平国家和地区	67.0	15.0	9.7	0.8
中等水平国家和地区	90.6	26.8	20.0	2.3
高水平国家和地区	116.7	51.7	47.0	11.3
超高水平国家和地区	131.6	84.1	80.7	28.3

注：表中对于国家的分类依据是人类发展指数（HDI），即人类发展的三个基本因素的平均值，包括预期寿命、教育水平和生活质量。

资料来源：UNDP（2019b），第202页。

其次，区域间数字鸿沟显著，东亚和太平洋地区在宽带安装方面遥遥领先，而非洲网络联通率明显低于世界平均水平①。根据国际电信联盟的数据，2017年东亚和太平洋地区宽带安装率高达52%，这一占比远高于2019年人类发展指数高水平国家宽带安装占比（11.3%）和人类发展指数超高水平国家宽带安装占比（28.3%），

① 《测量数字发展：2020年事实和数据》，国际电信联盟（ITU），https://www.itu.int/en/ITU-D/Statistics/Documents/facts/FactsFigures2020.pdf；《测量数字发展：2019年事实和数据》，国际电信联盟（ITU），https://itu.foleon.com/itu/measuring-digital-development/home/。

如表3.1所示。而相比之下，非洲的网络联通水平最低。不同的统计口径均显示，非洲拥有宽带互联网的人口占比为28.2%—39.3%，远低于全球平均水平（53.6%—58.8%）[①]。

最后，基于城乡、年龄和性别差异，国家内部互联网普及的不平等问题也较为突出，这些差异既发生在发展中国家也出现在发达国家。例如，2016年，以发达国家为主要成员国的经济合作与发展组织（OECD）成员方中，农村家庭有高速宽带的占比为56%，远低于城市平均水平（85%）（OECD，2019）。经济合作与发展组织成员国中，32%的55—65岁的人完全没有使用电脑的经历，或无法通过基本的信息通信技术（ICT）水平测验，而16—24岁的年轻人中，这一比例仅为5%（OECD，2019）。美国国际发展署的数字化战略报告指出，发展中国家女性拥有手机的比例比男性低14%，女性使用互联网的比例比男性低43%，而且这种性别差异将继续增长（USAID，2020）。

第三节　数字化运用需求

全球数字鸿沟的第二个重要表现是运用数字化的能力和效益鸿沟（UNDP，2019b）。数字化运用能力差异影响和塑造着全球发展格局，传统的发达国家和发展中国家二元划分变得更为复杂。以数字经济为例，中国和美国占全球70个最大数字平台市值的90%，欧洲的份额为4%，非洲和拉丁美洲的份额总和仅为1%（UNCTAD，2019）。在经济、社会、政府治理、教育等领域，不同国家和地区在运用数字化的意识、能力和效益方面，差异明显，且这种差异影响和塑造着全球发展格局。麦肯锡全球研究院描绘了基于数字化的国际格局，将美

① 《测量数字发展：2020年事实和数据》，国际电信联盟（ITU），https://www.itu.int/en/ITU－D/Statistics/Documents/facts/FactsFigures2020.pdf；《测量数字发展：2019年事实和数据》，国际电信联盟（ITU），https://itu.foleon.com/itu/measuring－digital－development/home/。

国、日本、韩国界定为“领头羊”国家；将法国、德国和英国界定为先进国家；巴西、波兰、土耳其为紧随其后的发展中国家；巴基斯坦、玻利维亚以及大多数非洲国家为落后国家；而中国和印度最为特殊，中国的数字化和联通发展速度比任何一个国家都要快，印度数字化速度比所有的落后国家要快，但是印度城乡以及城市间数字化进程差异十分显著①。借力数字化发展经济、创造收入的差距，既出现在发达国家和发展中国家之间，也出现在发展中国家之间。数字化进程尤其是数字化运用方面的差异，一定程度上影响和塑造新的发展格局。数字化运用方面的需求差异、能力差异、经验做法差异和政策环境差异，为加强数字化运用的国际发展合作开辟了空间。

新冠肺炎疫情全球暴发以来，数字联通、远程办公、线上教育、电子商务、数字化支付、电子政务等，成为维持经济社会正常运行的重要工具。疫情应对期间，发展中国家的数字化运用需求主要表现在以下方面：联通和信息共享需求（通过互联网、短信平台、社交平台等）、健康数据需求、电子商务和数字化支付需求、网上问医和教育培训等。发展中国家尤其是最不发达国家的数字化需求，尤为表现在互联网和信息通信需求，以及将数字化工具和平台运用到商务、经济、支付、政务等领域；相比之下，对于高端数字科技的需求迫切性并不高。这一现状有利于扩大发展中国家之间的数字合作。

第四节 全球数字治理和问题解决需求

数字化的机遇和问题，敦促国际社会借力数字化促进发展，也呼吁加强全球数字治理，关注和解决数字化进程中出现的问题。网络安全、数据安全、网络犯罪、垄断、网络空间安全等风险和危害，以及数字化相关问题的跨国性和全球性，呼吁加强全球数字治理和合作。2021 年 4

① 麦肯锡全球研究院，《联通的世界：联通的变革 5G 之外》，https://www.mckinsey.com/industries/technology - media - and - telecommunications/our - insights/connected - world - an - evolution - in - connectivity - beyond - the - 5g - revolution。

月27日，时任联合国大会主席组织召开的“数字合作与联通高级别主题辩论：全社会动员消除数字鸿沟”会议，重点探讨数字化问题和负面效应，包括虚假信息、网络犯罪、暴力极端主义和恐怖主义的传播、网络骚扰，特别是针对女性和儿童的网络骚扰，提出需要在缩减全球数字鸿沟的同时全球通力合作，加强“全球数字治理”①。根据世界经济论坛每年发布的《全球风险报告》，2012—2019年，“网络攻击”“数据欺诈及盗窃”数次被列入全球五大最可能发生的安全风险（World Economic Forum，2018，2021）。网络犯罪每年带来的全球公共部门、企业和个人折合损失约6000亿美元，不仅造成大量经济损失，威胁社会稳定，也间接地削弱公众对于科技和数字化的信心（World Economic Forum，2020）。

数字化领域的问题和挑战还包括，基础设施建设不足、垄断、互联网和通信费用高、数字技能不足、经济和服务领域数字化运用程度低等问题。世界银行的报告指出，针对高度垄断、不平等、信息管控和政府问责等问题，需要加强规制（World Bank，2016）。垄断带来的宽带安装费用过高是制约互联网普及的重要因素。根据世界银行的数据，截至2015年12月，最不发达国家宽带成本费用约占人均国民总收入的17%，而全球平均占比仅为5%②。这一挑战至今仍然存在，在19个最不发达国家，宽带价格超过月人均国民总收入的20%（UN，2020）。数字化领域普遍存在垄断问题，世界经济论坛的报告指出，“数字权力的聚集”和“数字化不平等”是全球高发风险（World Economic Forum，2021）。数字化进程和效益差异会在国内和国际层面，均带来加重不平等的风险。克劳斯·施瓦布在《第四次工业革命》一书中提到，第四次工业革命的危险在于“赢者通吃”（Winner-takes-all），无论是一国之内，还是国别之间，均存在这一风险，其负面影响在于增加社会冲

① 2021年4月27日举办的“数字合作与联通高级别主题辩论：全社会动员消除数字鸿沟”会议（High-level Thematic Debate on Digital Cooperation and Connectivity，27 April，2021），联合国大会（General Assembly of the United Nations）网站，https://www.un.org/pga/75/digital-cooperation-and-connectivity/。

② 世界银行网站，https://www.worldbank.org/en/topic/digitaldevelopment/overview。

突，从而创造和加深缺乏凝聚力、更加冲突和动荡不安的局面，而在人们普遍对于社会不公平的意识和敏感度增加的社会环境下，因数字化等技术进步带来的相应社会问题更加值得关注和警惕，也因而需要公共部门决策者和私营部门都采取一些措施减少可能的社会动荡和暴力极端主义等（Schwab，2016）。

区域和国别层面也存在严重的数字联通行业垄断和缺乏市场竞争的问题。例如，马来西亚是东南亚国家中数字经济垄断程度相对较高的国家。根据世界银行—马来西亚全球知识和研究中心、马来西亚财政部2018年发布的《马来西亚数字经济》报告，德国电信—马来西亚（Telekom Malaysia）控制了当地近92%的固定宽带市场，垄断程度和聚集度高于东盟国家整体水平和经合组织成员国整体垄断水平，而缺乏市场给当地数字化带来的最大影响是宽带连接的高价格、低覆盖率、固定宽带质量低（World Bank，2018）。鉴于垄断问题，相关国际合作倡议呼吁，国际社会应探讨定价基线和规制（World Bank，2016；UNDP，2020）。此外，与数字化相关的数据安全、人权等问题也较受关注。

全球治理是管理和应对全球挑战和共同问题的重要举措和努力①。全球治理也折射出多元甚至相互冲突的利益、理念、价值观念和多方博弈。全球数字治理是缓慢和难以达成一致意见的，各国数字化进程差异、发展阶段差异、需求差异、政策环境差异、战略发展方向和优先议程差异等，使得全球数字合作和数字治理缺乏有效的统筹协调。全球数字治理和规制标准的制定中，尤为体现不同国家的治理理念差异。例如，西方发达国家在数字治理中倡导“一元论”，“即有必要在网络空间采取统一的行为模式；而发展中国家认为，不同国家有权利采取自己适合的管理方式，依法对网络空间进行管理是一国的主权范围内之事”（鲁传颖，2016；薛安伟、张道根，2020）。全球数字治理背后蕴藏着复杂的政治经济因素、价值观念和意识形态差异，因此，更需要积极参与全球数字治理，追求互利共赢，避免被动局面。

---

① 《天涯成比邻：全球治理委员会报告》，全球治理委员会网站，https://www.gdrc.org/u-gov/global-neighbourhood/chap1.htm。

第五节　小结

本书提出的数字化国际发展合作三维度分析框架中，需求是开展数字化国际发展合作的出发点，应加强相应的需求研究和评估，立足中国的重大国际倡议和发展需求，评估国际数字鸿沟和数字合作需求。从中国的实际合作需求和优势领域出发，适应全球数字合作时代趋势和数字鸿沟的客观存在，聚焦网络联通、数字经济、数字化运用等方面数字化国际发展合作，重点关注数字化运用、数字经济、能力建设等方面的合作；基础设施领域应注重商贸、投资、当地共建和技能输出相结合。需求导向是开展数字合作的合法性基础，但对于国家行为体而言，受援助国或合作伙伴国单方面的需求也不足以成为国际发展合作，尤其是双边对外援助的动因。中国在实施数字化领域对外援助和国际发展合作中，需要立足和综合考虑中国的合作需求和受援助国的需求，并加强相应的评估和国情研究。对外数字合作应服务于中国国内发展和国际倡议，立足中国外交和商贸需求，兼顾缩小数字鸿沟的全球发展目标，在互利共赢的基础上，开展数字合作。

数字合作对提升中国对外援助影响力，参与全球治理，扩大贸易、投资和市场，以及对外宣传分享中国经验具有重要意义。数字基础设施，尤其是先进产业、信息通信技术和设备领域的投资和经贸合作，有助于开拓市场，带动国内生产制造业和出口的增长；数字合作也有潜力为高质量共建“一带一路”和推动落实“全球发展倡议”提供新动力和重要抓手。

第四章

数字化国际发展合作的能力建设分析

数字化“能力建设”贯穿于多个数字化领域的国际发展合作，“网络联通需求”“数字化运用需求”“数字化能力建设需求”三者紧密相关。数字化运用是根本需求，网络联通是为了满足数字化运用的基本设施需求，而能力建设，尤其是人的技术、技能是支撑性需求。“能力建设”既是国际发展合作的重要领域和目标，也与中国开展国际发展合作的“授人以渔，自主发展”政策主张相通①。数字化本身是一项重要的发展能力，是推动经济增长和实现全球可持续发展目标的重要工具，在2030年全球17项可持续发展目标中，几乎每一项发展目标都与数字化有直接或间接的关联。延续人类发展理论对“能力”的界定和分类，本书将数字化能力分为数字化基本能力和数字化运用能力两类，包含四个层面的内涵。一是数字化基础设施能力，包括网络联通、信息通信、数字化基础设施和基本服务能力；二是数字化运用能力，包括数字化在经济、社会、商贸、教育、政府治理等领域的运用，如平台经济、电子商务、网约服务、线上教育、电子政务等；三是个人层面的基本数字技能，如使用互联网、手机和通过数字化获得基本服务的能力，以及运用数字技能、数字化平台，从事商贸、支付购买、远程办公、参与就业和其他获取收入的生产、服务和经营活动的能力；四是在国际发展合作层

---

① 《新时代的中国国际发展合作》白皮书，新华网，http://www.xinhuanet.com/2021-01/10/c_1126965418.htm。

面，数字化在可持续发展项目、对外援助和国际发展合作中的运用。

根据联合国开发计划署2019年发布的《人类发展报告》，数字化运用和数字化能力鸿沟是数字鸿沟的重要表现，数字化能力差异正在成为全球不平等的新源泉，尽管网络联通和通过数字化获取基本服务的能力差距在明显缩小，但数字化用于发展的能力差距却在扩大（UNDP，2019b）。2021年4月由联合国大会主席征集召开的“数字合作与联通高级别主题辩论：全社会动员消除数字鸿沟”会议，指出数字鸿沟是全球不平等的新表现，出现在城乡、不同语言、不同性别之间，最不发达国家数字鸿沟尤为明显①。

第一节 “授人以渔”与人类发展理论分析视角

“授人以渔，自主发展”是新时代中国开展国际发展合作的政策主张②。2015年9月27日，国家主席习近平在联合国发展峰会上发言提出，“国际社会要帮助发展中国家加强能力建设，根据他们的实际需求，有针对性地提供支持和帮助”③。加强受援助国发展能力建设，有利于实现互利共赢、共同发展，是践行构建人类命运共同体的重要实践；同时，发展能力的提升，有利于提升当地经济发展水平、扩大市场，促进对外经济、贸易往来。依据2021年发布的《新时代的中国国际发展合作》白皮书，“授人以渔，自主发展”政策主张的内涵是，“充分考虑其他发展中国家的资源禀赋、发展水平和发展诉求，通过多种方式毫无

① 2021年4月27日举办的“数字合作与联通高级别主题辩论：全社会动员消除数字鸿沟”会议（High-level Thematic Debate on Digital Cooperation and Connectivity，27 April，2021），联合国大会（General Assembly of the United Nations）网站，https://www. un. org/pga/75/digital – cooperation – and – connectivity/。

② 《新时代的中国国际发展合作》白皮书，新华网，http://www. xinhuanet. com/2021 – 01/10/c_ 1126965418. htm。

③ 《习近平在联合国发展峰会上的讲话》，2015年9月27日，新华网，http://www. xinhuanet. com/politics/2015 – 09/27/c_ 1116687809. htm。

保留地将发展经验和行业技术分享给其他发展中国家，尽力为其培养本土人才和技术力量，注重增强自身‘造血’能力，挖掘增长潜力，实现多元、自主和可持续发展”①。

“授人以渔，自主发展”的政策主张，与国际发展合作中强调的“能力建设”相通。根据人类发展理论（Human Development Approach），能力是发展的钥匙，包括基本能力（Basic Capabilities）和强化能力（Enhanced Capabilities）（Nussbaum，2000；Sen，2001）。20 世纪 90 年代起，阿马蒂亚·森（Amartya Sen）提出的人类发展理论在国际发展领域和国际组织中被广泛运用，“人类发展”既是发展的目标，也是不同于以往侧重经济增长指标的评估发展的工具和指标，同时，“人类发展”也在国际发展议程设置上发挥着重要作用。人类发展理论提出，传统的发展理念和评估指标关注收入和经济增长，忽视了发展机会、发展能力、主观能动性、生活质量等概念和因素（Nussbaum，2000；Sen，2001）。Sen（2001）认为，发展不是单纯的经济增长，商品和经济发展是实现发展的途径；发展的目的在于，提高人的生活质量和增加人实现目标的能力和机会。

1990 年，联合国首次发布了《人类发展报告》，引入“人类发展”这一概念和人类发展指数（Human Development Index，HDI），标志着在国际发展领域人类发展概念和人类发展指数被广泛应用于衡量和评估发展状况和发展水平（UNDP，1990）。1990 年的《人类发展报告》指出，“发展的根本目的在于，为人类享有长寿、健康和有创造力的生活，提供有利的环境”，而这一目的在商品经济时代被人们忽略；报告提出了“人类发展指数”，将预期寿命、教育水平、生活质量等因素引入到该指标中，用于评估发展的水平（UNDP，1990）。人类发展理论的贡献在于，从传统的关注经济增长的现代化理论转为关注人的发展，引导人们思考发展的根本目的是什么，是经济增长还是人的发展。

另外，人类发展理论的批判者认为，“人类发展”内涵过于宽泛，

① 《新时代的中国国际发展合作》白皮书，新华网，http://www.xinhuanet.com/2021-01/10/c_1126965418.htm。

包括了从物质到人的健康、权益和心理等多个因素，从而使得“发展”这一概念失去了其作为理论和评估指标的有效性。因此，“人类发展”更像是一个政治口号。尽管存在这些辩论，人类发展理论至今仍然是国际发展领域最广泛运用的理论。人类发展理论中，“能力”是关键词，也被认为是脱贫和促进发展的钥匙。根据阿马蒂亚·森的定义，贫困是对“基本能力”的剥夺，而发展通过“增强能力”扩大选择自由（Sen，2001）。延续人类发展理论框架，数字化也是一项重要的发展能力，其对“基本能力”和“强化能力”的划分，也同样适用于理解和划分数字化能力。

第二节　数字化基本能力与运用能力

延续人类发展理论，数字化作为发展能力，包括数字化基本能力和数字化运用能力两类和四个层面的内涵。区分数字化基本能力和数字化运用能力的依据在于，数字化是用于基本生活目标，还是用于发展目标。如表4.1所示，数字化基本能力包括三方面。第一，基础设备能力，即是否拥有和能够使用电脑、手机等基础设备。第二，联通能力，即是否拥有和能够使用互联网（如移动蜂窝数据、固定宽带）、移动通信服务，是否可以使用短信平台和社交平台进行信息交流、共享和联通。第三，获取基本服务的能力，如借助数字化进行交易和消费，以满足基本的生活需求。

数字化运用能力包括四个层次的数字化运用。一是经济社会层面，数字化在经济、社会、商贸、教育、政府治理等领域的运用，如平台经济、电子商务、电子政务等；二是个人层面的数字技能的提升，如运用数字技能、数字化平台，从事商贸、远程办公、参与就业和其他获取收入的生产、服务和经营活动的能力；三是组织层面，组织机构的数字化管理和数字化运行；四是在国际发展合作层面，数字化在可持续发展项目、对外援助和国际发展合作中的运用。

在国际发展层面，在2030年17项可持续发展目标中，几乎每一项发展目标都与数字化有直接或间接的关联。通过数字化可以直接助推的发展领域包括，健康、教育、环保、就业、创新、城市和社区发展、气候、伙伴关系等，如图4.1所示。数字化间接助推的发展目标包括，消除贫困、消除饥饿、推动性别平等、降低社会不平等，其中的重要影响机制是，通过推动经济增长和就业（SDG8）实现这些发展目标。

表4.1 **数字化能力分类**

能力类型	领域	内涵及细分
数字化基本能力	基础设施能力	网络联通、信息通信和数字化基础设施
	联通能力	个人和社区层面的网络联通能力，是否拥有和能够使用互联网（如移动蜂窝数据、固定宽带）、移动通信服务，是否可以使用短信平台和社交平台进行信息交流、共享和联通
	获取基本服务能力	通过数字化获得基本服务的能力，如使用短信平台和社交平台进行信息交流、联通、数字支付
数字化运用能力	经济社会层面	数字化在经济、社会、商贸、教育、政府治理等领域的运用，如平台经济、电子商务、网约服务、线上教育、电子政务等
	个人层面	运用数字技能和数字化平台，从事商贸、支付、远程办公、参与就业和其他生产、服务和经营活动的能力
	组织层面	组织机构的数字化管理和数字化运转
	国际发展合作层面	数字化在可持续发展项目、对外援助和国际发展合作中的运用

资料来源：笔者绘制。

在数字化基本能力和数字化运用能力中，数字化运用方面的能力差异尤为值得关注。根据联合国开发计划署2019年发布的《人类发展报告》，数字化基本能力差距在明显缩小；但在数字化运用能力方面的差异却在扩大（UNDP，2019b）。数字化运用方面的能力差异正在成为全球不平等的新源泉。以拉美地区为例，有研究发现，拉美大多数公司仍停留在对信息通信技术（ICT）的基本使用层面，如计算机和互联网，而很少有企业能对ICT进行更为复杂的运用，如增加企业价值和提高生

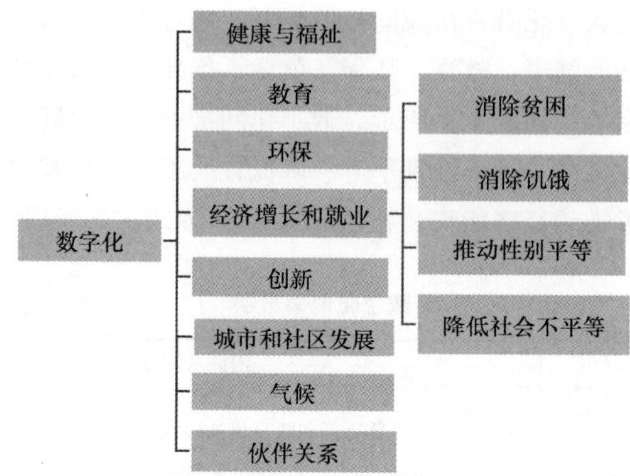

图 4.1 数字化助推实现可持续发展目标的作用机制

资料来源：笔者绘制。

产力等方面的应用（楼项飞，2019）。

第三节 不同能力建设领域对应的数字合作方向

结合需求导向和能力建设两个视角，数字化国际发展合作具有多层次需求。数字化基本能力和数字化运用能力方面均存在较大的缺口，也蕴藏着不同的合作机遇，需要不同的国际发展合作参与路径，如表 4.2 所示。数字化基本能力，包括基础设施能力、网络联通能力和通过数字化获取基本服务的能力，对应的是基础设施建设领域的对外援助和国际发展合作需求。数字化运用能力需求对应的是，知识分享、经验共享、培训、搭建伙伴关系等形式的国际发展合作。

中国在对外援助和国际发展合作中，多次强调“授人以渔”的原则，在对外援助中也在积极践行提升发展中国家的发展能力，加强经验分享和交流合作。延续这一原则，应重点关注数字化能力建设方面的合作，注重知识分享、经验共享、培训等方面的数字合作。知识和经验分享作为支持实现可持续发展目标的重要方法，其意义在国际组织和发展中国家之间越来越受到认可，也成为近年来越来越重要的国际发展合作参与方式。加强知识和经验共享，既有助于加强发展中国家的能力建设，提升当地数字技能和解决数字化运用短板问题，也更加符合当前国际发展合作重视能力建设和经验分享的大环境。同时，也是讲好中国故事、对外分享传播中国经验的重要途径。

表 4.2　　数字化能力建设对应的数字合作方向

能力类型	领域	合作方向
数字化基本能力	基础设施能力	基础设施援建、投资、对外贸易
	联通能力	基础设施援建、商贸合作、培训
	数字化基本服务能力	培训
数字化运用能力	经济社会层面	知识分享、经验共享、培训、搭建伙伴关系
	个人层面	数字技能与人力资本提升、知识分享、经验共享
	组织层面	经验共享
	国际发展合作层面	知识分享、经验共享、培训、搭建伙伴关系、规制探讨、全球治理

资料来源：笔者绘制。

第四节　小结

数字化领域的国际发展合作应优先重视数字化能力建设合作，既包括经济、社会和政务领域的数字化运用能力建设，也包括个人层面的数字技能提升和培训合作。能力建设是全球数字合作的重要领域和合作目标，也与中国在对外援助和国际发展合作中强调的“授人以渔”相通。数字化的关键在于数字化的运用，即如何将数字化产品、工具和应用程序用于经济、社会、管理等多领域。在数字化领域的对外援助项目的评估和管理中，应当将“数字化能力建设”作为评估国际发展合作有效性的一个核心指标。

对外数字合作中，既要基于有中国特色的理念支撑和指导，也应当与国际上广泛使用的理论有所对话，从而更深刻地参与和主导相应的国际发展合作议程。本章依据人类发展理论对能力的界定，将数字化能力分为数字化基本能力和数字化运用能力两类。在不同层面上，数字化能力包括个人层面的数字技能，经济、社会、治理等领域的数字化运用和数字化转型能力，以及国际发展层面运用数字化实现全球可持续发展目标的能力。在数字化基本能力和数字化运用能力方面均存在较大的缺口，也蕴藏着不同的合作机遇和不同的国际发展合作方向和路径。数字化基本能力，即基础设施能力、网络联通能力和通过数字化获取基本服务的能力，对应的是基础设施建设领域的合作；而数字化运用能力方面的需求对应的是知识分享、经验共享、培训、搭建伙伴关系等形式的国际发展合作。

延续中国对外援助中秉持的“授人以渔，自主发展”政策主张，应重视能力建设方面的数字合作，加强知识和经验分享合作。中国在数字经济、电子政务、电子商务、数字化支付、线上教育等方面的优势和经验积累，为加强数字化能力建设方面的数字合作提供了经验基础。同时，知识和经验共享是实现可持续发展目标的重要方法，既有助于加强发展中国家的能力建设，也符合当前国际发展合作重视知识分享和经验共享的大环境。同时，也是讲好中国故事、分享传播中国经验的重要途径。在具体合作路径上，在全球层面，加强与国际组织合作，分享中国的数字化知识和经验做法；区域层面，探讨与区域政府间组织和当地智库合作，成立区域数字学习中心，根据不同地区的需求和国情，开展数字化运用方面的精准分享和交流合作。在推动可持续发展目标的进程中，知识应当被视为一种重要的资源和工具。尤其应加大发挥智库在人才和科研成果方面的优势，用知识讲好中国故事。

第五章

数字化国际发展合作的风险分析

在全球加速数字化的同时，加强数字合作凝聚了越来越多的共识，数字合作对缩小数字鸿沟、发挥数字红利、推动全球数字治理、助力共建“一带一路”、分享传播中国经验等均具有重要意义。同时，数字化是一把“双刃剑”，新的时代背景下，数字化也重新界定着安全。有研究认为，国家安全问题具有鲜明的时代烙印，非传统安全问题大量出现并与传统安全问题交杂（王灵桂，2021）。数字化也重新界定着安全，包括安全的性质、范畴和挑战。第四次工业革命对于国家间关系的性质和国际安全均有深刻的影响，在高度联通的世界中，不平等会增强国内和国际社会的碎片化、分割、不稳定，这些都会成为暴力极端主义的土壤（Schwab，2016）。数字化还容易被“政治化”，尤其是在西方国家的零和思维模式下，大国之间在数字技术领域的竞争容易升级为政治风险（马蠕，2020）。数字化的深刻影响还在于，数字化影响着权力的分配和转移，既体现在国际上，不同国家之间因新的科技革命带来的力量格局变化和权力转移，也体现在国内层面从国家到非国家行为体（Non-state Actors）的权力转移（Schwab，2016）。因而，数字化领域对外援助和国际发展合作，应加强风险意识、风险评估和管理，既要防范和管理与数字化直接相关的网络安全、信息安全等技术层面的风险，也要防范和应对数字化间接相关的政治、经济、社会风险，如网络犯罪、网络空间安全风险、数字鸿沟、垄断、对当地就业的影响和冲击等。此外，还要防范对外援助和国际发展合作中的一般性风险，如地缘政治风险、政权不稳定、法律规制差异和可能的歧视性规定和制裁等。

第一节 网络信息安全风险

数字合作首先应防范技术层面与数字化直接相关的风险，如网络安全、信息安全等，数字合作中应加强对合作国家和地区的网络信息安全保障情况和风险的评估，如表 5.1 所示。世界经济论坛（World Economic Forum）每年发布的《全球风险报告》（The Global Risks Report），是全球安全风险评估的一个重要参考。按照风险发生的可能性，2012 年，“网络攻击”（Cyberattacks）首次被纳入全球五大安全风险，位居第四位；2014 年“网络攻击”再次进入全球五大最可能发生的安全风险排名榜，被认为是排名第五的全球最高发的安全风险；2017 年“大规模数据欺诈及盗窃事件”被纳入五大安全风险之第五位；2018 年，首次两项与数字化相关的风险被同时纳入全球高发风险，“网络攻击”“数据欺诈及盗窃”分别位居全球最可能发生的五大安全风险之第三位和第四位，仅次于极端天气和自然灾害（World Economic Forum，2018）。

伴随着全球网络安全意识的普遍增强，越来越多的国家和地区出台了专门的网络安全保护法律法规，网络安全也成为重大的国家安全议题，全球先后有 50 多个国家和地区制定实施相应的国家安全战略（马忠法、胡玲，2020）。但在全球范围来看，不同国家网络安全和数据安全保障水平良莠不齐，国家层面对于数字化安全的重视程度、施政能力、技术和基础设施能力也存在较大差异。数字化领域的双多边国际发展合作中，应高度重视国家信息安全、个人信息数据安全、商业机密等方面的信息保护，应加强对当地法律政策和网络信息安全保障情况的评估，规范和合法地使用、传输和分享数据。尤其是，“数字丝绸之路”建设中，发生网络安全问题，其破坏广度更大，造成的损失也更大（中国电子信息产业发展研究院，2017）。

2021 年 6 月 10 日，第十三届全国人民代表大会常务委员会第二十九次会议通过《中华人民共和国数据安全法》（以下简称《数据安全法》），提出坚持总体国家安全观，建立健全数据安全治理体系，提高数据安全保障能力①。《数据安全法》相关规定应同样适用于对外数字合作，以“确保数据处于有效保护和合法利用的状态，以及具备保障持续安全状态的能力”②。信息和数据的收集、存储、使用和公开等均须严格遵守相应的法律规定，由于数字化跨国性和即时性的特殊性质，对外数字合作应同样严格遵循相应的法律规定和安全规定，从而最大程度上规避在当地产生数字风险和挑战，同样应加强对当地相关法律政策和数据安全保障情况的了解，数字合作中应纳入安全向度作为评估指标。

表 5.1　**数字化相关全球高发风险**

年份	风险事项	最高风险排名
2012	网络攻击	4
2014	网络攻击	5
2017	大规模数据欺诈及盗窃	5
2018	网络攻击	3
	数据欺诈及盗窃	4
2019	数据欺诈及盗窃	4
	网络攻击	5
2021	数字权力的聚集	6
	数字化不平等	7

资料来源：World Economic Forum（2018，2021）。

① 《中华人民共和国数据安全法》，全国人民代表大会网站，http://www.npc.gov.cn/npc/c30834/202106/7c9af12f51334a73b56d7938f99a788a.shtml。

② 所谓“数据”，指任何以电子或者其他方式对信息的记录；数据处理包括数据的收集、存储、使用、加工、传输、提供和公开等。参见《中华人民共和国数据安全法》，全国人民代表大会网站，http://www.npc.gov.cn/npc/c30834/202106/7c9af12f51334a73b56d7938f99a788a.shtml。

第二节 网络空间安全风险

除前述传统技术层面的网络安全、信息安全、数据安全风险，数字化领域的双多边国际发展合作，应防范网络空间安全风险以及向国际社会的延伸。由于人类生产、生活、工作、消费支付、教育培训等多领域对互联网和数字技术的高度依赖，网络犯罪的风险也越来越大，带来严重的社会经济和安全威胁。根据世界经济论坛的报告，每一年网络犯罪（Cybercrime）约达成全球公共部门、企业和个人折合损失约6000亿美元（World Economic Forum，2020）。网络犯罪的影响是全方位的，不仅带来大量的经济损失、威胁社会稳定，同时也间接地影响和削弱公众对于科技和数字化的信心；在全球层面，网络犯罪的存在会增加全球不平等，具备更少资源、能力和法律制度保障的国家和地区在网络犯罪面前更加脆弱，进而削弱这些国家和地区借助数字科技来发展经济的努力，从而对预期的数字红利产生负面影响（World Economic Forum，2020）。因而，网络空间安全保障能力差异既是一个国家和地区数字化能力和治理水平差异的表现，也是进一步致使数字鸿沟的重要因素。同时，网络犯罪的跨国性和相应的全球治理的滞后，增加了网络空间安全风险的治理难度。

与传统的政治风险、社会安全风险相比，网络空间安全风险没有国界，具有全球性、即时性、传播速度快、影响范围广等特点，容易失控或发展演变为示威、抗议和冲突等安全事件。尤其是宗教、文化和价值观念冲突，容易引发网络空间认知差距和线上冲突，进而引发或演变为现实社会的冲突；网络空间的虚拟性、匿名性和跨国性，加之相应治理法律的缺失、执法的困难和跨国合作的难度也使得政府对于极端言论难以实时管理（鲁传颖，2016）。因而，对外数字合作中，应当同样甚至更加严格地遵循当地文化、宗教、习俗等，加强对当地习俗和国情、民情的了解，避免网络空间安全事件的发生和蔓延。

2021年4月27日，联合国大会主席组织召开的“数字合作与联通高级别主题辩论：全社会动员消除数字鸿沟”会议，提出需要在缩减全球数字鸿沟的同时全球通力合作，加强“全球数字治理”（Global Digital Governance），实现一个“安全的联通”（Safe Connectivity），提升公众对于网络犯罪的警惕意识①。

在网络安全方面，中国在不断加强相应的法律法规，完善治理，并出台了专项法律和网络空间安全战略。2016年11月7日，第十二届全国人民代表大会常务委员会第二十四次会议通过《中华人民共和国网络安全法》②。2016年12月27日，经中央网络安全和信息化领导小组批准，国家互联网信息办公室发布《国家网络空间安全战略》，维护国家在网络空间的主权、安全、发展利益等③。根据《国家网络空间安全战略》，“当前网络安全形势和挑战严峻，国家政治、经济、文化、社会、国防安全以及公民在网络空间的合法权益面临严峻风险与挑战，包括网络渗透危害政治安全、网络攻击威胁经济安全、网络有害信息侵蚀文化安全、网络恐怖和违法犯罪破坏社会安全、网络空间的国际竞争方兴未艾、网络空间机遇和挑战并存”④。《中华人民共和国网络安全法》《中华人民共和国数据安全法》《国家网络空间安全战略》等法律法规和安全战略，不仅适用于国内网络安全和数据安全管理和规范，在对外数字合作中，应同样贯彻前述法律规范和安全战略，以防范和管理相应的数据和网络安全风险。

第三节　数字化经济社会风险

自2021年以来，世界经济论坛发布的《全球风险报告》将全球最

---

① 2021年4月27日举办的“数字合作与联通高级别主题辩论：全社会动员消除数字鸿沟”会议（High-level Thematic Debate on Digital Cooperation and Connectivity，27 April，2021），联合国大会（General Assembly of the United Nations）网站，https://www.un.org/pga/75/digital-cooperation-and-connectivity/。

② 《中华人民共和国网络安全法》，中华人民共和国国家互联网信息办公室网站，http://www.cac.gov.cn/2016-11/07/c_1119867116.htm。

③ 《国家网络空间安全战略》全文（2016年12月27日发布），中华人民共和国国家互联网信息办公室网站，http://www.cac.gov.cn/2016-12/27/c_1120195926.htm。

④ 《国家网络空间安全战略》全文（2016年12月27日发布），中华人民共和国国家互联网信息办公室网站，http://www.cac.gov.cn/2016-12/27/c_1120195926.htm。

可能发生的安全风险排名由五项增加到七项。其中，全球最可能发生的安全风险之第六项和第七项均与数字化密切相关，但与以往年份不同，以往曾出现的全球高发风险是“网络攻击”和“数据安全”，均为与数字化直接相关的技术层面的风险；而2021年度的排名中数字化相关的风险不仅局限于技术层面的风险，还包括数字化进程和数字化运用带来的经济社会不平等风险。具体而言，根据《2021年全球风险报告》（*The Global Risks Report 2021*），“数字权力的聚集”（Digital Power Concentration）和“数字化不平等”（Digital Inequality）分别位居全球高发风险的第六位和第七位（World Economic Forum，2021）。数字鸿沟成为全球经济社会不平等的重要源泉，带来的经济社会风险也成为不容忽视的全球风险。对外数字合作中，尤其是与企业相关的合作应加强对企业和对当地法律和政策动向的研究和评估，避免合作过程中受到限制和负面影响。

对外数字合作应坚持以人民为中心，开展“惠民”数字合作。全球数字化时代背景下，一国国内经济、就业和发展问题与国际事务的界限日益模糊，对外数字合作中，应防范因数字合作和数字化转型对当地就业和民生带来的冲击。克劳斯·施瓦克（2016）在其著作《第四次工业革命》中，论述了数字化对就业、劳动者技能需求、工作性质等方面的影响，提出技术进步对就业的影响和人们基于科技进步对自身就业的担忧并非新现象，科技革命总伴随着相应的就业和民生影响，鉴于数字化的发展和运用速度、影响范围和深度（Breadth Depth）以及数字化带来的整个经济社会系统的全面转型（Complete Transformation），数字化的广泛运用对于就业带来的影响和冲击尤为明显。因而，应加强数字化配套技能培训和能力建设合作。具体而言，数字化和人工智能的发展对就业和劳动力市场产生了深刻的影响，体现在三个方面。

一是数字化可能带来的失业风险。数字化、新经济业态的发展对全球就业和劳动力市场均产生了深刻影响，如电子商务、网络平台等为主要形式的新经济业态，吸纳了大批劳动力，具有积极的促进就业和增加收入的民生效应（王永洁，2020）。数字化和人工智能的发展在创造新的工作岗位的同时，也会引发结构性失业，带来失业风险，尤其是大量中低技能工作岗位被机器替代，即所谓的技术进步对就业的“创造性破坏”（Frey 和 Osborne，2013；Arntz 等，2016）。有研究提出“数字弱势阶层”（Digital Underclass）概念，关注数字包容性（Digital Inclusion）和排他性（Helsper 和 Reisdorf，2016）。

二是数字化的广泛运用深刻地影响着劳动力需求，带来劳动力市场结构变化、劳动者技能需求变化和劳动力市场回报差异的扩大。以往研究发现，美国和欧洲等发达经济体劳动力需求呈现“两极化”趋势，即高技能和低技能劳动力需求的上升和中等技能劳动力需求的下降（Goos 等，2009；Acemoglu 和 Autor，2011；Oesch 和 Rodríguez-Menés，2011；Autor，2019）。就业两极化在发达国家尤为显现，在某些发展中国家也初见端倪（World Bank，2019）。国内学者考察了中国的技术进步对就业结构的影响。早期一些基于宏观数据和微观企业数据的研究发现，技术进步提高了就业的技能结构，技能型劳动需求增长（姚先国等，2005；宋冬林等，2010）。都阳等（2017）基于工作任务法的分析发现，中国就业“两极化”倾向尚不明确，但非常规型任务日益普遍，且不同类型工作任务的劳动力市场回报差异明显，其中，非常规、认知型、分析型任务回报最高，而常规认知型任务由于可替代性最高，劳动力市场回报为负。这些研究发现的启示在于，随着数字化和对外数字合作的深入发展，数字化对当地劳动力市场会产生复杂的影响，既有失业的风险，也会带来劳动者技能需求的变化，产生劳动力市场回报差异，短期内会损害一部分劳动者的利益。然而，技术进步对就业带来的多层次影响是不可避免的，也不会因此改变或阻止数字化进展。

三是数字化背景下新就业形态的出现，对传统劳动关系和劳动力市场制度产生冲击，尤其是带来社会保险等方面的不确定性。数字经济的发展带来了就业形态的变化，传统的标准就业在减少，也带来相应的劳动权益保护、劳动者就业安全、社会保险等一系列问题（王永洁，2018a，2020）。因而，对外数字合作中，除发挥数字化和数字经济发展的积极效应，应认识到其对就业和劳动力市场可能带来的冲击。历史上因技术革命和进步带来的对人的影响，劳动者破坏机器的现象，在数字化转型时代也应高度重视。因而，对外数字合作中，应防范因数字化、科技进步对当地就业和劳动者带来的冲击，建议配套加强劳动者数字技能培训和人力资源建设方面的数字合作。

第四节 全球治理理念差异风险

应积极参与全球数字治理，避免国际上将与中国价值观念和利益不符的治理理念强加到全球数字治理中。全球数字治理背后蕴藏着复杂的政治、经济、宗教、文化、价值观念和意识形态差异，中国需要积极参与全球数字治理，追求互利共赢，避免被动。基于全球数字治理中的立场差异，在求同存异积极参与和推动全球治理的同时，应防范和避免全球治理过程中，国际上将一些与中国价值观念和利益不符合的数字治理理念强加到全球数字治理规则中。在无政府状态和世界多极化趋势下，全球治理是各国政府、政府间组织、非政府组织、市民社会和运动、跨国公司、学术界和媒体等多方参与，以管理和应对共同问题和挑战的努力和重要举措①。与此同时，全球治理过程中也折射出多元化以及相互冲突的利益、理念和价值观念，全球数字治理本身也是多方博弈的过程。随着全球范围内数字化的加速、数字鸿沟的扩大和相应的数字化问题和负面效应的凸显，"全球数字治理"对于实现安全、包容性、惠民的数字化具有重要意义。国家层面的数字化战略和政策以及对全球数字治理的参与和支持，对于解决数字化领域的问题和缩小数字鸿沟意义深远。与此同时，全球数字治理也是缓慢和难以达成一致意见的，各国数字化进程差异、发展阶段差异、需求差异、政策环境差异、战略发展方向和优先议程差异，使得全球数字治理缺乏有效的统筹协调。

全球数字治理和规制标准的制定中，往往体现出不同国家的理念差异。例如，西方发达国家在数字治理中倡导"一元论"，"即有必要在网络空间采取统一的行为模式；而发展中国家认为，多元文化是信息社

① 《天涯成比邻：全球治理委员会报告》，全球治理委员会网站，https://www.gdrc.org/u-gov/global-neighbourhood/chap1.htm。

会的根本属性，不同国家有权利采取自己适合的管理方式，依法对网络空间进行管理是一国的主权范围内之事”（鲁传颖，2016）。全球数字治理背后蕴藏着复杂的政治、经济、宗教、文化、价值观念和意识形态的差异。全球数字治理困境对一些紧急议题的治理，如网络安全、网络恐怖主义等也有不利影响（鲁传颖，2016）。

第五节　对外援助的一般性风险

数字合作与其他领域的国际发展合作一样，受对外援助和国际发展合作中的一般性风险因素的影响，包括地缘政治、政府违约、政局不稳定、当地歧视性规定等。中国与不同国家和地区的数字合作，既面临一些共同的数字合作风险，也面临一些区域特殊的挑战和风险。例如，中国与中亚国家数字合作的挑战在于，当地数字基础设施薄弱、数字人才紧缺、网络安全保障薄弱、地缘政治风险和投资环境复杂等（王海燕，2020）。中国和东南亚国家的数字合作，受当地企业数字化水平低、跨境物流与支付体系不健全、域外大国恶性竞争等因素影响（许利平、吴汪世琦，2020；华欣、汪文杰，2020）。中国和拉丁美洲国家数字合作面临的挑战包括，当地数字基础设施落后、拉美政治和经济不确定因素、拉美区域数字鸿沟和各国内部鸿沟显著、中国和拉美战略和法规差异、当地人力资源不足、美国对中拉数字经济合作的阻挠、拉美数字化运用和数字化能力有待提升等（楼项飞、杨剑，2018；楼项飞，2019，2021）。中非数字合作受非洲当地政局动荡、当地货币贬值、债务违约、恐怖和安全风险、国际竞争等因素的影响（姚桂梅，2018）。

具体到国别层面，双边数字合作尤为容易受到政治互信和地缘政治等因素的影响。例如，中国—印度数字合作市场前景广阔，但双边数字合作受一系列因素影响，包括双方政治互信较低、西方地缘政治因素、印度针对中国企业实施严格的经贸“审查政策”、当地营商环境差，如行政低效、基础设施落后、贫困和严重的社会分化、恐怖主义等问题（亢升、杨晓茹，2020）。同样，中国和越南数字合作中，双边政治互信不足也严重影响两国数字经济合作的潜力和空间，政治因素对数字合作有明显的负面影响；此外，当地网络信息安全保障落后、对外企入驻设置高门槛等，也制约着中越数字经济合作（金丹、杜方鑫，2020）。

此外，对外援助的一般性风险也构成数字合作风险，包括当地是否具有稳定的宏观经济环境（Durbarry 等，1998）；在落地实施层面，受援助国是否将援助资金运用于原定援助目标（Khilji 和 Zampelli，1994）；受援助国是否有良好的经济政策，包括预算盈余、通货膨胀和贸易开放度等（Burnside 和 Dollar，2000）。当地经济发展水平也会影响对外援助的效益（Bowen，1995）。

第六节 小结

对外数字合作中，应加强数字合作风险意识、风险评估和管理，加强相应的风险研判和评估工作，提升应对风险的能力。为规避数字化相关的风险以及对外援助和国际发展合作的一般性风险，应加强数字化和对外数字合作风险研究和评估。尤其是对当地发展战略和优先议程、网络安全保障能力、法律法规、社会经济稳定、政权稳定等方面的评估，以提前预判相应风险。探索研究形成数字合作风险指数，结合当地网络空间风险和保障能力、垄断、被制裁风险等指标，评估数字合作风险，作为数字合作的重要参考指标。同时，影响数字合作的经济、社会、政治因素，既是对外数字合作中的不确定因素和风险，也为加强数字合作提供了机会和扩展了合作领域。应从以下方面着力应对和规避风险，并识别和加强相应领域的合作。

一是加强对发展中国家和地区的战略和国情研究，尤其是数字化安全保障能力、数字合作需求和风险研究。一些学者也指出，随着“一带一路”进入“工笔画”阶段，须加强国别层面的发展战略精准对接，做好区域和国情研究，尤其是当地经济、政治、社会稳定、国家发展战略及优先发展领域、法律体系、经济和政策环境等，熟悉当地数字化、经贸、投资、知识产权最新法律法规，规避成为受限制甚至是制裁的项目和企业（向坤，2017；贺文萍，2018）。加强对发展中国家的研究，除发挥国内智库的作用，应加强资助发展中国家的机构和人员从事自己本国研究，加强相应的信息和知识储备，提升共建“一带一路”的科学性、针对性和有效性。

二是实施“惠民”数字合作，秉持坚持以人民为中心的国际发展合作理念，开展数字技能和能力建设方面的合作。此外，应加强政府间对话、合作，以共商共建共享的全球治理理念开展数字化领域的国际发展合作。

三是加强国际发展合作评价体系建设，加强相关评估工作。对于重点援助对象国或合作对象国的评估，应从其国家安全、战略利益相关性、政权和政策稳定性、援助需求迫切性、宏观经济环境稳定性、网络信息安全保障情况等多方面，评估是否深入开展数字合作。重点加强与“一带一路”沿线国家的对接与合作，规避有内战和冲突风险、政权动乱和不稳定国家和地区，优先援助重点国家和周边国家。在坚持不结盟原则的前提下，扩大并加强与发展中国家的合作，形成全球伙伴关系网络。在重点援助领域方面，坚持加强民生领域援助和加强发展能力建设两大目标，形成相对稳定的援助框架，坚持援助领域的一贯性，集中资源聚焦重点援助领域，提升援助有效性。同时，定期评估和更新重点援助领域，确保对外援助的动态精准性。

第六章

西方发达国家数字化对外援助动向

数字化不仅是国际发展合作的重要领域和发展趋势，也正在成为西方对外援助的重要领域。西方发达国家传统对外援助，在援助形式上，主要侧重物质援助和实施具体的援助项目，在援助领域上，侧重贫困、健康卫生、环保等传统发展领域。而数字化领域的对外援助，是系统性、技术性援助领域，在数字化议程和援助实施上涉及多方面。日本、美国、英国、比利时、丹麦、德国、挪威等多个国家纷纷出台数字化领域的对外援助战略、政策或倡议。例如，2018 年英国提出“国际发展署数字化战略”；2020 年，美国国际发展署出台数字战略（2020—2024 年）；2018 年，挪威出台挪威发展政策数字化战略等。以发达国家为主要成员国的经济合作与发展组织（OECD）也越来越关注数字化领域的对外援助，并提出相应的数字化战略。2017—2018 年，经济合作与发展组织推出“走向数字化”（OECD，2019；OECD，2020a）。

西方外部环境表明，数字化不仅是重要的国际议程和当今国际发展合作的重要领域和发展趋势，也是近年来西方对外援助的重要领域。数字化正在成为国际贸易、投资、对外援助甚至是价值观念传播的新的国际角力场。本章论述了西方发达国家的数字化对外援助战略和动向，分析西方发达国家数字化对外援助的典型做法和特征。基于此，中国在数字化领域对外援助和国际发展合作的研究布局中，应提出不同于西方发达国家数字化对外援助的理念和方案，尤其是不同于西方“价值观导向”的数字化对外援助，提议以需求导向和能力建设为支撑，本着坚持以人民为中心的合作理念，积极参与和推动对外数字合作。

第一节　发达国家数字化对外援助战略

早在2001年，日本曾提出“解决数字化鸿沟全面合作方案”，不过当时的“数字化”与今天的“数字化”内涵有很大不同，日本当时提出的数字化战略主要关注互联网技术（IT）的使用和推广，尤为注重推动发展中国家制定互联网技术政策和法律①。日本在数字化领域国际发展合作中提出以下原则：尊重发展中国家自主决定权；形成结合当地实际的国别方案；与国际组织协调行动②。日本数字化对外援助的特色是，关注受援助国国家层面发展战略和政策的制定。

2017年，德国联邦经济合作与发展部（BMZ）出台《数字议程》报告，针对非洲提出“数字非洲”倡议，斥资1亿欧元，支持非洲宽带基础设施、数字化学习和培训项目、政府治理和反腐败项目、公共卫生、IT部门发展项目等（Heimerl和Raza，2018）。该《数字议程》指出，劳动力市场变化、数字鸿沟、数据安全、人权和电子垃圾是数字化进程中的主要挑战。根据《数字议程》报告，在德国的数字化项目中，非洲是重点，据统计，德国实施的350个与数字化密切相关的项目中，117个项目基于非洲，79个项目基于亚洲（Heimerl和Raza，2018）。

2017—2018年，经济合作与发展组织推出“走向数字化”（Going Digital）战略，全面关注数字化的经济和社会影响（OECD，2019）。经济合作与发展组织提出倡议，为增强互联网和数据的可获得性，政府应降低贸易和投资壁垒、推动市场竞争、简化行政审批程序、强化农村和边远地区的数字联通（OECD，2020a）。2020年，澳大利亚、加拿大、欧盟、印度、日本、韩国、新西兰、英国和美国等国家和地区联合启动

① 日本外务省网站，https://www.mofa.go.jp/policy/economy/it/oda/role0106.html。

② 日本外务省网站，https://www.mofa.go.jp/policy/economy/it/oda/role0106.html。

“人工智能新全球伙伴关系”（New Global Partnership on AI，GPAI）倡议，由 OECD 主持其秘书处①。该倡议旨在为政府、市民社会、产业和私营部门、学术界提供平台搭建伙伴关系，以开展相应的研究和试点项目，从而缩减人工智能领域理论和实践差距。该倡议的核心目标是，“在人权和民主的基础上，人工智能被负责任地使用”。该倡议延续了西方发达国家对外援助的特征，即价值观的嵌入和输送。

2020 年 5 月，美国国际发展署（USAID）出台数字战略（2020—2024 年），提出实施数字化发展项目、在对外援助中使用数字技术、加强受援助国数字化体系建设等（USAID，2020）。美国国际发展署的数字战略内容包括，推广美国价值观；与私营部门合作建设数字基础设施；促进形成全球标准；影响受援助国家的数字化优先议程设置；增强地区数字化体系建设和能力建设；推广包容性数字经济；促进当地独立自主探索数字化；加强网络安全；保护隐私和推广数据使用规范等（USAID，2020）。美国数字化对外援助战略的首要原则是，实施“价值观导向”（Values-driven）的对外援助项目，推动受援助国的数字化体系建设与美国的价值观相一致（USAID，2020）。美国数字化领域对外援助的目标是，在美国宪法权利法案的价值观体系下，推动受援助国形成相应的数字化体系和政策（USAID，2020）。

2018 年，挪威对外事务部（Norwegian Ministry of Foreign Affairs）出台《挪威发展政策数字化战略》，提出健康、教育、气候与环境、商务发展、可再生能源、人道主义等挪威重点援助领域的数字化运用，尤其是健康和教育领域的数字化。挪威数字化对外援助的特色是，重点推广和支持其现有重点援助领域里的数字化运用。挪威的数字化对外援助，注重向发展中国家转移和分享知识，侧重与联合国等国际多边组织的合作，认可国际组织在数字化转型中发挥的重要作用②。

此外，还有一些北欧和西欧国家颁布实施了相应的数字化对外援助

---

① 经合组织网站，https://www.oecd.org/going-digital/ai/oecd-to-host-secretariat-of-new-global-partnership-on-artificial-intelligence.htm。

② 挪威政府网站，https://www.regjeringen.no/en/aktuelt/digital-strategy-for-development-policy/id2608229/。

战略、政策或倡议。例如，比利时发展合作署推出关于数字化的战略政策说明（Strategic Policy Note）。丹麦将“数字化和技术作为对外和发展政策的战略优先领域”，尤为关注缩小手机和网络联通数字鸿沟（Heimerl 和 Raza，2018）。

表 6.1　　**西方数字化对外援助战略**

	战略或倡议	目标	领域
经合组织	走向数字化（2018 年）	推动数字化，发挥数字化的经济社会影响	建构走向数字化政策：数字化运用、创新、就业、社会、信任、市场开放等政策向度
澳大利亚、加拿大、欧盟、印度、日本、韩国、墨西哥、美国等	人工智能新全球伙伴关系倡议（2020 年）	减小理论和实践差距，尤其是人工智能政策方面的差距	为相关产业、政府、市民社会和学术界，搭建伙伴关系平台，推动研究和试点项目
美国	美国国际发展署数字战略（2020—2024 年）	实施价值观驱动的数字化发展项目，受援助国数字化系统建设与美国的价值观念相一致；通过在美国国际发展署的援助项目中，使用数字技术，改善援助项目；提升受援助国数字化体系的开放性、安全和包容性	推广美国价值观；与私营部门合作建设数字化基础设施；促进形成、采用和推广全球标准；受援助国家的国家和部门数字化优先议程设置与美国法律和最佳实践相一致；增强地区数字化体系建设、机构和能力建设；推广包容性数字经济；加强网络安全；保护隐私和数据使用规范；风险预估
德国	数字议程、数字非洲倡议	数字鸿沟、数据安全、人权	支持宽带基础设施、数字化学习和培训项目、政府治理和反腐败项目、公共卫生、IT 部门发展项目

续表

	战略或倡议	目标	领域
日本	解决数字化鸿沟全面合作方案（2001 年）	推动发展中国家互联网技术（IT）的发展、运用和政策制定	帮助发展中国家提升借力 IT 机遇的意识；帮助发展中国家制定有关 IT 的政策、法律和战略或行动；人力资本提升；支持 IT 和互联网基础设施建设；推动日本发展援助项目中 IT 的使用
挪威	挪威发展政策数字化战略	推广和支持现有重点援助领域的数字化运用	数字化战略重点领域包括，健康、教育、气候与环境、商务发展、可再生能源、人道主义援助等领域的数字运用，尤其是健康和教育领域的数字化

资料来源：根据经合组织、美国国际发展署、日本外务省网站、挪威对外事务部网站等整理所得。

第二节　西方数字化领域对外援助特征分析

西方发达国家的数字化对外援助呈现以下特征。第一，西方发达国家较早开始关注数字化，但是系统性地实施数字化领域对外援助和出台专门的对外援助战略和政策，是近年来的新趋势。近年来，美国、英国、比利时、丹麦、德国、挪威等国家纷纷出台数字化对外援助战略、政策或倡议，并在数字化对外援助中做了中长期规划（Heimerl 和 Raza，2018；OECD，2019，2020a；USAID，2020）。例如，2020 年，美国国际发展署出台数字战略，规划了 2020—2024 年美国的数字化对外援助战略和侧重点（USAID，2020）。2018 年，挪威出台《挪威发展政策数字化战略》，明确了挪威政府对外援助的长期原则是，推广数字化在现有重点援助领域的运用，如健康医疗、教育、环境、商贸和可再生能源等[①]。西方发达国家提出的现代意义上的数字化对外援助战略，密集出现在近五年。其原因是多方面的，包括数字化和数字经济的大势所趋、数字化的潜力和市场价值、数字化转型的深化、全球数字合作共识的凝聚、全球和区域层面政府间组织颁布实施数字化中长期战略、全球数字鸿沟的扩大及随之而来的合作机遇等。

第二，西方发达国家在数字化对外援助中，在加强协调协作，推出以西方发达国家为主导的多边援助和数字合作倡议。例如，2015 年，经合组织成员国部长级会议达成共识，形成“全球数字时代的科学、技术和创新政策大田宣言”[②]；2017—2018 年，经合组织共同协调推出了“走向数字化”战略（OECD，2019）；在人工智能方面，西方发达国家也在加强协调，2020 年，澳大利亚、加拿大、欧盟、美国等国家和地区联合启动“人工智能新全球伙伴关系”倡议[③]。

第三，西方发达国家提出的数字化对外援助战略，依然延续西方国家对外援助一贯的“价值观导向”原则，具有明显的意识形态色彩。例如，美国国际发展署数字战略（2020—2024 年）明确提出，实施“价值观驱动”的发展项目，推动受援助国的数字化体系建设与美国的价值观相一致（USAID，2020）。美国数字化领域对外援助的目标是，践行和推广美国价值观，受援助国的数字化优先议程设置与美国法律和最佳实践相一致（USAID，2020）。依托经合组织，西方多国联合启动的“人工智能新全球伙伴关系”倡议，其核心目标和基本原则是，在西方人权和民主的基础上，加强人工智能领域的协调合作[④]。日本对外援助的价值观导向相对淡化，但是日本侧重受援助国国家层面发展战略和政策的制定[⑤]。总体上，西方发达国家的对外援助更多地承载着价值

---

① 挪威政府网站，https://www.regjeringen.no/en/aktuelt/digital-strategy-for-development-policy/id2608229/。

② 经合组织网站，https://www.oecd.org/sti/daejeon-declaration-2015.htm。

③ 经合组织网站，https://www.oecd.org/going-digital/ai/oecd-to-host-secretariat-of-new-global-partnership-on-artificial-intelligence.htm。

④ 经合组织网站，https://www.oecd.org/going-digital/ai/oecd-to-host-secretariat-of-new-global-partnership-on-artificial-intelligence.htm。

⑤ 日本外务省网站，https://www.mofa.go.jp/policy/economy/it/oda/role0106.html。

观念的传播，而忽视受援助国的主观能动性。价值观导向、对他国政策和战略制定的干预、对国际标准的推广，导致西方发达国家的对外援助在一些发展中国家受到越来越多的质疑和抵触（Moyo，2010）。

第四，西方发达国家在数字化对外援助中，侧重与国际组织的协调。例如，挪威在数字化对外援助中，提出加强与国际组织和私营部门的合作，尤其是与世界银行、联合国儿童基金会、联合国开发计划署等机构的合作，将这些国际组织界定为其对外援助的主要战略合作伙伴①。日本在数字化领域国际发展合作中也强调与国际组织的协调行动，并且借助南南合作，加强与地区组织、私营部门和非政府组织等机构的合作②。

第五，西方发达国家较为关注非洲的数字化。根据欧洲投资银行2021年发布的《与非洲的伙伴关系》报告，欧盟在2020年3月提议的支持《非洲2063年议程》的伙伴关系倡议中，聚焦五个领域的欧洲与非洲合作，其中就包括非洲的数字化转型。欧洲投资银行提出，为了支持欧盟—非洲伙伴关系，将重点支持对非洲数字经济和电信领域的投资与合作（European Investment Bank，2021）。2017年，德国斥资1亿欧元执行“数字非洲”倡议（Heimerl和Raza，2018）。西方发达国家在数字化对外援助中重视非洲有两个原因。一是全球数字鸿沟在非洲尤为明显，尤其是在网络联通等基础设施方面；二是非洲2020年颁布实施了非洲数字化转型十年战略（2020—2030年），对非洲的援助和数字合作蕴藏着重要的商贸机遇。

第三节　西方援助是否满足发展中国家数字化需求

结合前述西方数字化对外援助战略，西方国家在数字化对外援助中

① 挪威政府网站，https://www.regjeringen.no/en/aktuelt/digital-strategy-for-development-policy/id2608229/。

② 日本外务省网站，https://www.mofa.go.jp/policy/economy/it/oda/role0106.html。

主要关注以下领域（见表6.1）。一是数字化运用，发挥数字化的经济社会影响，如经合组织；二是搭建伙伴关系平台，为政府、产业部门、市民社会和学术界等搭建平台，如美国；三是建设宽带、数字化基础设施，如美国、德国强调通过与私营部门合作，建设数字化基础设施；四是推广数字经济，如德国；五是构建网络安全，包括保护数据安全和人权，如美国、德国；六是实施数字化学习和培训项目，如德国较为重视开展数字化学习和培训项目；七是使用数字技术，改善援助项目，以及支持现有援助领域的数字化运用，尤其是健康和教育领域的数字化，如挪威。

西方发达国家的数字化对外援助是否能够满足发展中国家的各项数字化需求？在规划设计层面，西方数字化对外援助战略中，部分数字化援助领域符合发展中国家的数字合作需求，如网络联通需求、数字化运用需求、数字能力建设需求等。但整体上西方数字化领域对外援助中尤为侧重政策层面构建数字化战略和政策，推动发展中国家制定相应的数字化政策、战略和法律规范，强调促进形成和推广统一的全球公认标准，并强调推广西方社会的“自由和人权”等价值观念。而从需求侧来看，发展中国家面临数字鸿沟问题，尤为迫切的是实现网络联通和数字化的基本运用，西方数字化领域对外援助的侧重点和发展中国家最紧迫的需求之间存在一定的差距。

这种差距主要有两个原因。一是美国、德国等西方发达国家和以西方发达国家为主要成员国的经济合作与发展组织提出的数字化对外援助战略，延续了其一贯标榜的“价值观导向”原则，并长期渗透着“专家诊断式”的供给方烙印，而忽视受援助国的主观能动性以及不同国家和地区发展能力和需求的多样性。而受援助国的自主性和所有权（Ownership）的提升是增强援助有效性的重要途径（Edwards，2015）。西方对外援助的有效性近年来受到越来越多的质疑，这主要由于其在实施对外援助时设立了严格的资格审查条件，尤其是对发展中国家国内治理、民主化、市场化等方面的改革要求。20世纪八九十年代，在以新自由主义为依托的“华盛顿共识”的影响下，西方对外援助强调推广“良治”、民主化和市场化，对外援助通常附带政治条件和“一揽子”

改革要求，如市场化、私有化和民主化改革。西方发达国家的对外援助也因而饱受争议，在国内外分别存在“失信”和“失灵”的问题（Moyo，2010；朱杰进、谢漪珺，2014）。

二是从西方对外援助的实践来看，对外援助主要服务援助国外交政策和推广援助国的贸易，即由援助国自身的目标决定，而非被援助国的需求（Schraeder 等，1998；Qian，2014）。Qian（2014）基于描述性统计的分析发现，对外援助的主要目的往往不是脱贫，对于最不发达国家的援助仅占全球总体援助的一小部分，据相关统计，在任何一年仅有 1.69%—5.25% 的援助通往全球最贫穷的 20% 的国家。Schraeder 等（1998）分析了 1980—1989 年，西方发达国家对撒哈拉以南非洲的援助，研究发现，很多援助动因都不是被援助方的经济需求，而是出于政治考虑。例如，1980—1989 年，美国的对外援助主要受意识形态影响；日本主要援助对其有经济意义的国家，包括原材料富足和具有出口市场价值的国家；瑞典将援助重点放在没有得到美国及苏联支持的国家；法国援助重点是法语国家和军事化国家等（Schraeder 等，1998）。

早期的西方对外援助更多地关注援助的规模和数量，而近年来，西方对外援助开始注重提高援助的有效性，从侧重“数量”转向侧重“质量”；对外援助也经历着从关注援助国战略和安全利益，到兼顾受援助国的实际需求、资源禀赋、发展能力的转变；此外，为提高援助的有效性，侧重建立广泛而有效的合作伙伴关系，兼容私营部门等援助主体，也成为近年来西方对外援助的趋势（王永洁，2018b；朱丹丹，2013）。西方国家对外援助呈现出以下特点：一是在对外援助中通常附带一系列资格审查条件，包括西方所谓的民主标准、市场化等；二是西方对外援助中注重规划重点援助领域，通过建立合作伙伴关系和聚焦重点领域提升援助有效性；三是侧重通过人力资源开发和培训等途径增强发展能力建设，以及加强对发展中国家的长期影响。

西方对外援助的经验和不足均较为明显，中国在开展国际发展合作的进程中，可借鉴西方对外援助的典型做法并规避不足，凸显与西方不同的援助理念，发挥中国对外援助的特色和优势。西方对外援助的一些实践具有一定的参考，包括强调对民生领域的援助、强调对国际发展和发展中国家的研究、成立相关研究资助机构等。例如，加拿大的国际发展研究中心（International Development Research Center，IDRC）主要支持和资助发展中国家研究、资助发展中国家的机构和研究人员、资助在加拿大的发展中国家国籍研究生从事关于发展中国家的博士论文研究、资助发展中国家的青年人员前往 IDRC 工作和培训等，都是值得借鉴的经验做法（王永洁，2018b）。此外，西方对外援助侧重对发展中国家的宏观经济环境、发展水平和经济政策的评估和考量，虽然被批评为附带条件的援助，但是从扩大对外贸易和发挥援助的经济效益来看，受援助国是否具有良好、稳定的宏观经济环境（Durbarry 等，1998）以及是否有良好的经济政策（Burnside 和 Dollar，2000）是对外援助评估中的重要考虑因素。

西方对外援助的不足十分明显。近年来，西方对外援助的目的和有效性受到越来越多的质疑，最主要的原因是西方对外援助项目的价值观导向原则。西方对外援助具有浓厚的政治色彩和意识形态烙印，这既体现在援助目标设定上，也表现在援助资格审查条件中。西方对外援助的实施在基于西方的“民主化”“人权保护”和“法律建设”等方面，均有较高的门槛要求和审查条件。西方发达国家的对外援助和国际发展合作行动，更多地体现和承载着给予国的价值观念，而忽视受援助国的主观能动性，以及发展需求和能力的多样化。

中国在数字化领域的对外援助和国际发展合作中，应凸显与西方发达国家不同的援助理念和方案，从更加务实和需求导向的原则出发，重视发展中国家的实际需求和发展能力建设。相关分析发现，西方对外援助的有效性受到质疑的同时，中国的对外援助项目对受援助国家和地区的经济发展有积极显著的影响（郑宇，2017；黄振乾，2019）。坚持不附带政治条件的援助，既是中国对外援助的特色，也是中国对外援助的优势。中国的双多边数字化国际发展合作，在实践和对外宣传中应当进一步加强方法论和理念支撑，凸显与西方发达国家“价值观导向”不同的数字合作方案和理念。中国对外援助坚持不附带任何政治条件的原则，由受援助国自主选择其发展道路和发展模式，实现发展议题和发展项目的专业化和去政治化，在根本上区别于西方发达国家“专家诊断式”和自上而下的援助。

第四节　西方对外援助效应

西方发达国家的对外援助关注数字化是近几年的新趋势，其效应和成果还有待观察。以往关于西方发达国家对外援助效应的研究，为理解和预判西方发达国家数字化领域对外援助的效应具有一定的启示。有研究认为，关于对外援助的效应，争议较少的是国际组织实施的多边援助，多边援助有较为积极的减贫效果和援助效应（Alvi 和 Senbeta，2012；Headey，2008）。Alvi 和 Senbeta（2012）研究发现，多边援助在减贫方面比双边援助和贷款有更好的效果。有研究基于 1970—1993 年 56 个国家的案例分析和研究表明，多边援助能推动经济增长，但前提是援助接收国有良好的经济政策，包括预算盈余和贸易开放度等因素（Burnside 和 Dollar，2000）。Headey（2008）基于 1970—2001 年对外援助的效果研究发现，多边援助在这一阶段均有显著和较大的影响；而双边对外援助的效果在“冷战”前后存在较大差异，在“冷战”期间双边对外援助对经济增长没有显著的影响，但是在此之后存在显著且较大的正面影响。

根据以往的研究，西方对外援助的效应存在较大争议。对援助接收国而言，双边对外援助尤其是西方发达国家的援助效应备受争议。Doucouliagos 和 Paldam（2008）基于对 100 余篇对外援助效应文献的元分析（Meta-study）发现，对外援助整体上对援助接收国当地的经济增长有积极效应，但是影响较小且不显著，并在下降，其中亚洲国家的援助增长效应更强。基于不同分析方法和不同层面的分析，对外援助有不同的效应。Moreira（2005）对既有文献的综述发现，微观层面，基于对外援助项目本身的成本效益分析结果显示，对外援助有积极效应；而在国家层面，基于跨国回归的分析发现，由于外部性的存在，对外援助对经济增长有消极、积极、不存在影响三种结论，也就是所谓的“微观—宏观悖论”（Micro-macro Paradox）。Moreira（2005）研究发现，对外援助对于经济增长有积极影响，否定了“微观—宏观悖论”的观点，与此同时，认为对外援助的短期效应不如长期效应大，并存在援助—增长之间的时间滞后。

一些研究发现，对外援助对受援助国当地的经济增长有积极效应（Karras，2006；Moreira，2005；Headey，2008；Loxley 和 Sackey，2008）。基于1960—1997年的数据分析发现，在71个被援助的发展中国家，对外援助对经济增长有积极影响（Karras，2006）。基于非洲的研究发现，援助对于经济增长有积极显著的影响，其中，最主要的机制是援助增加了投资（Loxley 和 Sackey，2008）。有研究指出，关于对外援助积极效应的研究结论并不完全站得住脚。Roodman（2007）研究了若干篇有关援助对增长有积极效应的论文，其提出，基于控制组的细微变化、不同的定义方法、GDP 测量差异以及对良好制度和良好政策的不同定义、不同时段的数据等，援助对增长有效的结论是脆弱的。还有研究提出，应从历史的视角分析对外援助的效应，尤其是对于双边对外援助的评估应当基于对当时历史背景的深刻解读。Headey（2008）基于1970—2001年对外援助的效果研究发现，对外援助对经济增长有显著但中等的影响（Moderate Average Effect），之所以没有更大的影响是由于在“冷战”时期（1990年前）双边对外援助对经济增长没有显著的影响，但是在此之后存在显著且较大的正面影响。

也有研究指出，对外援助对受援助国经济发展的影响不能一概而论，受一系列因素的影响，如受援助国的宏观经济环境（Durbarry 等，1998）、受援助国是否有良好的经济政策（Burnside 和 Dollar，2000）、受援助国经济发展水平（Bowen，1995）、援助的稳定性和可预期性（Liu 和 Li，2022；Kodama，2012）、受援助国是否享有自主性和所有权（Edwards，2015）等。Durbarry 等（1998）研究发现，对外援助对发展中国家的经济增长有积极的影响，但前提是当地有稳定的宏观经济环境，与此同时，其影响因收入水平、对外援助的分配和地理位置有差异。有研究指出，对外援助对于当地经济发展既有积极正向影响也有负向影响，其中援助接收国的经济发展水平是重要的影响因素（Bowen，1995）。Edwards（2015）基于历史分析和深度案例分析指出，受援助国的自主性和所有权（Ownership），是提升援助有效性的重要途径。对外援助在落地实施上也存在不确定性，例如，受援助国可以轻松规避援助给予方施加的援助限制，将援助资金运用到偏离援助目标的项目上（Khilji 和 Zampelli，1994）。

当今，对外援助和国际发展合作范式更为多元化，来自西方发达国家的双边对外援助不再是唯一，甚至不再是主流选项。发展中国家之间的南南合作及其强调的“需求导向”原则，给长期以来在传统的西方发达国家主导的官方发展援助中，发展中国家缺乏主观能动性和自主权的境地提供了不同的国际发展合作选项。2019 年 3 月，第二次联合国南南合作高级别会议召开，会议成果文件进一步明确了“需求导向”是南南合作的出发点，南南合作下的“需求导向”，指合作及发展议程的设置由发展中国家参与讨论和设定，遵循尊重国家主权、独立和自主、国家间平等、不附带政治条件、不干涉内政以及互利互惠等原则①。这一特征决定了发展中国家之间合作内容的灵活性、多样化和务实性，需求驱动下的合作也往往更加应时和反应迅速。在当前外部环境下，“需求导向”和国际发展合作重视“能力建设”的趋势，既是开展数字合作的合法性基础，也为加强数字合作提供了学理支持。

第五节　小结

伴随着数字化的深入发展，西方发达国家近年来越来越关注数字化，并系统性地实施数字化领域的对外援助，出台专门的中长期数字化对外援助战略和政策。日本、美国、英国、比利时、丹麦、德国、挪威等西方发达国家，纷纷出台相应的数字化对外援助战略、政策或倡议。数字化也正在成为国际贸易、国际投资、对外援助，甚至是价值观念和治理理念传播的国际角力场。西方发达国家在数字化对外援助中，呈现

① United Nations, “Report of the Second High-level United Nations Conference on South – South Cooperation”, Buenos Aires, 20 – 22 March 2019, https://www.unsouthsouth.org/wp-content/uploads/2019/07/N1920949.pdf.

出以下特征：加强相互间的协调协作，推出以西方发达国家为主导的多边援助和数字合作倡议；西方数字化领域的对外援助也延续西方对外援助的“价值观导向”原则，呈现出明显的意识形态烙印；西方发达国家在数字化领域的对外援助中侧重与国际组织的协调；非洲是西方发达国家数字化对外援助的区域重点。

中国应凸显与西方发达国家“价值观导向”援助项目的不同，提出中国的数字合作方案和理念，重点突出发展中国家的需求导向、能力建设，并推广宣传中国坚持以人民为中心的国际发展合作观。在数字合作的实施中，双边对外援助和多边国际发展合作双道并行，西方发达国家的数字化对外援助典型做法也是加强与国际组织的接轨，这一点值得借鉴，中国在对外数字合作中，也应当加强与国际组织的对接与合作，借力国际组织的数字化战略和数字合作倡议，提出中国的数字化议程。

第七章

数字合作路径之双边对外援助

中国积极开展对外援助，对服务国家外交大局、提升国际影响力发挥着重要作用。随着中国全方位外交布局的深入展开，特别是“一带一路”建设的推进，对外援助将在中国整体外交布局中发挥更为重要的作用，中国也正在成为新兴的对外援助大国。双边对外援助指政府实施的推动发展中国家和地区经济发展和社会福利的援助；而国际发展合作是指为了实现国际上共同制定和普遍接受的全球发展目标，如联合国2030年可持续发展目标，而采取的全球协调一致行动或全球倡议。在发挥传统双边对外援助效应的同时，应积极参与和推动国际发展合作。2021年1月中华人民共和国国务院新闻办公室发布《新时代的中国国际发展合作》白皮书，将中国的国际发展合作界定为“在南南合作框架下，中国通过对外援助等方式在经济社会发展领域，包括人道主义援助方面开展的多双边国际合作”①。国际发展合作包括双边对外援助和多边国际发展合作两个支柱。本书按照这两类国际发展合作路径，分别论述数字合作的双边对外援助和多边国际发展合作。

第一节　对外援助发展阶段及演变

对外援助也称官方发展援助（Official Development Assistance,

---

① 《新时代的中国国际发展合作》白皮书，新华网，http://www.xinhuanet.com/2021-01/10/c_1126965418.htm。

ODA)，根据经济合作与发展组织发展援助委员会（OECD Development Assistance Committee）的界定，“官方发展援助”指面向发展中国家，推动其经济增长和福利的政府援助。官方发展援助有两个特征：一是由援助国国家政府、地方政府，或相应的执行机构，如对外援助或国际发展合作部门提供和执行；二是具有优惠性质（通过基金和优惠贷款等），主要目标是推动发展中国家的经济增长和社会福利①。自 1969 年以来，官方发展援助是全球发展援助的主要资金来源②。近年来，随着金砖四国等新兴经济体对外援助规模的扩大和国际地位的提升，非西方援助国在对外援助中发挥着越来越重要的作用。

伴随着发展内涵的拓宽，在对外援助实践中，援助的关键领域和侧重点也有所变化。传统意义上的“发展”，以现代化理论为代表，主要强调经济增长、现代化和工业化等进程；当今“发展”的内涵更加丰富，涉及经济、社会、环境、就业、公平和正义以及人的发展等多个领域。Williams（2014）认为，“发展”包括宏观和微观两层含义：宏观层面上，发展指一个国家或地区的经济增长、社会发展、重大的改革或转型，如工业化、城镇化、现代化和市场化；微观层面上，发展关注人们生活的方方面面，从人的健康和福祉到基础教育和环境卫生等。2015 年 9 月，联合国成员国首脑会议通过了 17 项可持续发展目标，作为未来 15 年国际发展的指导性战略目标，包括脱贫、消除饥饿、健康、教育、能源、环境、就业、基础设施、性别平等，以及社会公平和正义等多个方面。

西方对外援助始于 20 世纪 50 年代，基于发展内涵的不断演变，不同阶段发展的侧重点和发展理念的差异，西方对外援助的发展经历了四个不同的阶段。第一阶段是 20 世纪五六十年代，第二次世界大战结束以后，美国提出支持战后欧洲重建的“马歇尔计划”，这一阶段对外援助主要是美国对战后欧洲重建和工业化、现代化项目的援助。在经历了

---

① 经合组织网站，https://www.oecd.org/dac/financing-sustainable-development/development-finance-standards/official-development-assistance.htm。

② 经合组织网站，https://www.oecd.org/dac/financing-sustainable-development/development-finance-standards/official-development-assistance.htm。

短暂的欧洲战后重建后，北美和西欧实施的对外援助主要关注新独立的亚非拉国家的经济发展、工业化和现代化，对外援助的重点是支持当地经济基础设施建设。现代化理论是20世纪五六十年代西方国家对外援助的主要理论依据，现代化理论假设，发展是线性的、有客观规律可循的过程，所有的经济体都会经历同样的发展阶段，即从传统农业社会向现代化和工业社会转变。Rostow（1960）提出，所有的发展都将经历同样的阶段，即传统社会、经济起飞前、经济起飞、向成熟经济体转变以及高消费时代。在现代化理论的影响下，这一时期西方对外援助主要强调促进工业化和现代化。

第二个阶段是20世纪70年代，对外援助和国际发展合作关注贫困、收入差距和社会不平等问题。这一时段学术界的辩论开始反思现代化理论，批判理论指出，经济增长不必然导致贫困的减少，经济的快速发展如果没有配套社会政策反而会拉大收入差距，加剧社会不平等。以Latouche（1993）和Pieterse（2000）等为代表，对现代化理论的批判理论关注发展的本质，以及发展进程中的分配和公平正义。Latouche（1993）和Pieterse（2000）认为，现代化理论隐含着发展的本质是西方化，走西方发展道路的既定路径，而忽视了广大发展中国家的主观能动性以及历史和文化背景的多样化。在批判理论看来，发展除了能够促进财富的绝对增长之外，还会加深贫富差距和社会弱势群体的边缘化。

第三个阶段为20世纪八九十年代，这一阶段西方对外援助注重发展中国家的国内改革，强调改善受援助国的国内治理、推广民主化和市场化，推广“良治”。以新自由主义为基础的“华盛顿共识”是这一时期西方国家对外援助的主要理论依据。西方发达国家尤其是美国和美国占主导的国际金融机构，如世界银行和国际货币基金组织，在对外援助中通常附带政治条件和一揽子改革方案要求，强调受援助国的市场化、私有化和民主化改革，为受援助国提供借贷的条件是，受援助国须执行相关的国内政治、经济和制度改革。

第四阶段为21世纪初期至今，对外援助主要关注可持续发展和人的发展。西方对外援助在议程上与联合国千年发展目标、联合国2030

年可持续发展目标密切相关，对外援助的主要领域包括消除贫困、消除饥饿、教育、健康医疗、环境和气候变化等，这一时期支撑西方对外援助和国际发展合作的理论主要是人类发展理论。Sen（2001）和 Nussbaum（2000）提出，传统的发展指标忽略了人的生活质量、人在发展中的机会、人的主观能动性以及妇女在发展中的地位等因素。2015 年联合国可持续发展峰会通过了 2030 年可持续发展议程，涵盖了消除一切形式的贫困、消除饥饿、促进健康与福祉、确保包容性和公平的优质教育、实现性别平等、环境卫生等 17 项全球可持续发展目标，作为未来 15 年指导国际发展的纲领，重点关注经济、社会和环境三个维度的发展。

第二节　中国对外援助的发展及改革

中华人民共和国成立以来，特别是改革开放后，中国积极开展对外援助工作，对提升中国的国际影响力发挥了重要作用。习近平总书记在党的十九大报告中指出，“加大对发展中国家特别是最不发达国家援助力度，促进缩小南北发展差距”①。以往 70 年，中国实施了大量对外援助项目。根据 2019 年国务院新闻办公室发布的《新时代的中国与世界白皮书》，中国共向 166 个国家和国际组织提供近 4000 亿元人民币援助，派遣 60 多万名援助人员；先后 7 次宣布无条件免除重债穷国和最不发达国家无息贷款债务；并向 69 个国家提供医疗援助②。

中国的对外援助规模在稳步扩大，成为国际社会公认的新兴对外援助大国。根据 2021 年国务院新闻办公室受权发布的《新时代的中国国际发展合作》白皮书，2013—2018 年，中国稳步提高对外援助资金规模，对外援助金额为 2702 亿元人民币，包括无偿援助、无息贷款和优

① 习近平：《决胜全面建成小康社会　夺取新时代中国特色社会主义伟大胜利——在中国共产党第十九次全国代表大会上的报告》，人民出版社 2017 年版，第 60 页。

② 《新时代的中国与世界白皮书》，中华人民共和国国务院新闻办公室网站，http://www.scio.gov.cn/ztk/dtzt/39912/41838/index.htm。

惠贷款，并进一步扩大援助范围和领域；从地理范围上，中国共向亚洲、非洲、拉丁美洲和加勒比、大洋洲和欧洲等地区122个国家和20个国际和区域性多边组织提供援助①。

从对外援助的实践效果和管理上来看，过去几十年中国对外援助的职责分散在多个部门，具体工作由各部门分别组织实施，缺乏充分的统筹协调，这种体制安排客观上影响了对外援助的综合效应。随着中国全方位外交布局的深入展开，特别是“一带一路”建设的推进，包括对外援助在内的双多边国际发展合作在中国整体外交布局中发挥着更为重要的作用。加强对外援助工作的统一管理，改革援外管理体制机制，提升对外援助的综合效应势在必行。

2017年2月6日，中央全面深化改革领导小组第三十二次会议审议通过《关于改革援外工作的实施意见》，强调要改革援外管理体制机制，提升对外援助的综合效应。在援外工作改革之前，中国对外援助在组织实施上，援外部门职责相对分散，对外援助的管理、执行和监督分布于不同的部门。第十三届全国人民代表大会第一次会议通过了国务院机构改革方案，决定将商务部对外援助工作有关职责、外交部对外援助协调等职责整合，组建国家国际发展合作署。机构改革前，对外援助主管部门是商务部的对外援助司。隶属于商务部的国际经济合作事务局、国际经济技术交流中心、国际商务官员研修学院等部门，也分别负责援外成套项目的组织实施，一般物资项目的招标、组织和管理以及培训等事务。此外，农业部、国家卫生和计划生育委员会（现为国家卫生健康委员会）、教育部等相关部门也分别承担着农业发展、健康、教育等领域的对外援助事务，驻外使领馆承担一系列对外援助的协调工作。

2018年十三届全国人大一次会议通过包括组建国家国际发展合作署在内的一系列国务院机构改革方案。根据《关于国务院机构改革方案的说明》，国家国际发展合作署的主要职责是，“拟订对外援助战略方

① 《新时代的中国国际发展合作》白皮书，新华网，http://www.xinhuanet.com/2021-01/10/c_1126965418.htm。

针、规划、政策，统筹协调对外援助重大问题并提出建议，推进援外方式改革，编制对外援助方案和计划，确定对外援助项目并监督评估实施情况等。援外的具体执行工作仍由相关部门按分工承担”①。国家国际发展合作署的组建是改革优化援外体制机制的重要举措，也是深化党和国家机构改革，不断推进国家治理体系和治理能力现代化的重要组成部分。国家国际发展合作署的组建有利于整合相关机构，加强协调和提升对外援助事务的效率。组建国家国际发展合作署既体现出中国对援外工作的高度重视，也标志着中国对外援助向国际发展合作的转型，并在战略方针上更突出国际发展合作。国际发展合作既是推动构建人类命运共同体的重要外交手段，也是推动全球可持续发展的重要途径。在这一转型下，对外援助的政策目标、定位和方向更加清晰，重点体现和服务“一带一路”建设，以共商共建共享为原则，突出国际产能合作和经济合作，强调国际发展合作整体工作与国内国际战略的相互协调和促进（王永洁，2018b）。

加强国际发展合作对于深化中国与其他发展中国家的贸易投资合作、开拓市场，增强中国在国际社会的话语权和影响力，提升中国在全球治理体系中的议程设置能力和统筹协调能力具有重要意义，也有利于营造和平稳定、共同发展的国际环境。此外，开展国际发展合作，尤其是实施对最不发达国家的发展援助，对于缩小南北发展差距和促进全球可持续发展具有重要意义。

第三节　中国数字化领域对外援助

近年来，中国在对外援助中积极推动数字化，尤其注重数字经济的发展。根据2021年发布的《新时代的中国国际发展合作》白皮书，“中国支持建设了37个电信传输网、政务信息网络等电信基础设施项

① 《关于国务院机构改革方案的说明》，中华人民共和国中央人民政府网，http://www.gov.cn/guowuyuan/2018－03/14/content_5273856.htm。

目，帮助有关国家发展信息通信产业，为推动缩小数字鸿沟作出积极贡献”①。中国援助和支持肯尼亚、老挝、巴布亚新几内亚、孟加拉国等多个国家信息通信产业的发展、政务信息系统建设和信息化管理、高速网络等快速发展②。

为进一步提升对外援助的效应和国际影响力，应与时俱进，结合数字化和数字合作的全球发展趋势和国际社会普遍关注的发展议题，在援助领域的规划设计上加强对数字化领域对外援助和国际发展合作的研究布局。未来10年，伴随着新兴科技的发展和普及，数字化在生产、生活等领域将带来更加全面、深刻和变革性的影响。第四次工业革命浪潮的时代背景下，伴随着全球数字合作共识的增强，对外援助应同步发展和创新。鉴于全球数字化趋势和国际上对加强数字合作的广泛共识，应在对外援助中将数字化纳入对外援助关键领域，将数字化纳入共建“一带一路”中，形成有中国特色的数字化对外援助战略，以数字化助力高质量共建“一带一路”，为缩小全球数字鸿沟贡献中国力量。

“一带一路”倡议的提出，为信息、数字化领域的国际发展合作和协调共建提供了战略机遇。2017年5月14日，国家主席习近平在“一带一路”国际合作高峰论坛开幕式上发表题为《携手推进“一带一路”建设》的演讲，提出“数字丝绸之路”，呼吁“我们要坚持创新驱动发展，加强在数字经济、人工智能、纳米技术、量子计算机等前沿领域合作，推动大数据、云计算、智慧城市建设，连接成21世纪的数字丝绸之路”③。

2015年3月，国家发展和改革委员会、外交部、商务部联合发布《推动共建丝绸之路经济带和21世纪海上丝绸之路的愿景与行动》（以下简称《愿景与行动》），其中“信息丝绸之路”被界定为实现设施联

① 《新时代的中国国际发展合作》白皮书，新华网，http://www.xinhuanet.com/2021-01/10/c_1126965418.htm。

② 《新时代的中国国际发展合作》白皮书，新华网，http://www.xinhuanet.com/2021-01/10/c_1126965418.htm。

③ 习近平：《携手推进“一带一路”建设——在“一带一路”国际合作高峰论坛开幕式上的演讲》，人民出版社2017年版，第10页。

通的重要组成部分。《愿景与行动》指出，要“加快推进双边跨境光缆等建设，规划建设洲际海底光缆项目，完善空中（卫星）信息通道，扩大信息交流与合作”①。

2016年，国防科工局、国家发展和改革委员会出台《加快推进“一带一路”空间信息走廊建设与应用的指导意见》（科工一司〔2016〕1199号），提出推动空间信息产业的市场化和国际化发展。其总体目标是，经过10年左右的努力，基本建成以东南亚、南亚、西亚、中亚、北非为重点，辐射大洋洲、中东欧、非洲等区域，设施齐全、服务高效的“一带一路”空间信息走廊，使空间信息产业在走廊区域的市场化、国际化达到世界先进水平②。

根据2016年发布的《国家网络空间安全战略》，“强化网络空间国际合作”是一项重要的战略任务。该战略提出，加强对发展中国家和落后地区互联网技术普及和基础设施建设的支持援助，推动“一带一路”建设。该战略进一步提出，“提高国际通信互联互通水平，畅通信息丝绸之路。搭建世界互联网大会等全球互联网共享共治平台，共同推动互联网健康发展。通过积极有效的国际合作，建立多边、民主、透明的国际互联网治理体系，共同构建和平、安全、开放、合作、有序的网络空间”③。

2017年6月，国家发展和改革委员会与国家海洋局联合发布《“一带一路”建设海上合作设想》，进一步明确要推动信息基础设施联通建设，作为共建“一带一路”的合作重点之一，“共建覆盖21世纪海上丝绸之路的信息传输、处理、管理、应用体系以及信息标准规范体系和信息安全保障体系，为实现网络互联互通、信息资源共享提供公共平台”④。

---

① 《推动共建丝绸之路经济带和21世纪海上丝绸之路的愿景与行动》，“一带一路”国际合作高峰论坛网站，http://2017.beltandroadforum.org/n100/2017/0407/c27-22.html。

② 《国防科工局 发展改革委关于加快推进“一带一路”空间信息走廊建设与应用的指导意见》，中华人民共和国国家发展和改革委员会网站，https://www.ndrc.gov.cn/fzggw/jgsj/kfs/sjdt/201611/t20161123_1086163.html? code=&state=123。

③ 《国家网络空间安全战略》全文（2016年12月27日发布），中华人民共和国国家互联网信息办公室网站，http://www.cac.gov.cn/2016-12/27/c_1120195926.htm。

④ 《“一带一路”建设海上合作设想》，中华人民共和国国家发展和改革委员会网站，https://www.ndrc.gov.cn/xxgk/zcfb/tz/201711/W020190905503558343819.pdf。

2017年12月3日，在第四届世界互联网大会上，中国、老挝、沙特、塞尔维亚、泰国、土耳其、阿联酋等国家相关部门共同发起《“一带一路”数字经济国际合作倡议》，提出十余项合作倡议，致力于实现互联互通的“数字丝绸之路”，打造互利共赢的“利益共同体”和共同发展繁荣的“命运共同体”。“一带一路”数字经济国际合作倡议的内容包括：扩大宽带接入，提高宽带质量；促进数字化转型；促进电子商务合作；促进中小微企业发展；加强数字化技能培训；促进信息通信技术领域的投资；推动城市间的数字经济合作；提高数字包容性；鼓励培育透明的数字经济政策；推进国际标准化合作；增强信心和信任；鼓励促进合作并尊重自主发展道路；鼓励共建和平、安全、开发、合作、有序的网络空间；鼓励建立多层次交流机制①。

截至2019年9月，中国已与16个国家签署加强“数字丝路”建设合作的谅解备忘录，与19个国家签署双边电子商务合作谅解备忘录②。2017年，中国电子信息产业发展研究院发布《数字丝绸之路：“一带一路”数字经济的机遇与挑战》报告，从“一带一路”与数字经济相结合的视角论述了“数字丝绸之路”的内涵（中国电子信息产业发展研究院，2017）。有研究指出，“数字丝绸之路”由多个层面组成，包括制度层面（如制定合作规则、政策上达成共识）、技术层面、物质层面（基础设施投资）、思想层面（摒弃零和思维，寻求合作双赢）和商业层面（政府牵头、企业主导、企业全球化）等（向坤，2017）。国家信息中心提出“数字丝路畅通度指数”，从政策沟通、设施联通、应用相通、发展潜力四个方面，构建相应的测评指标体系（国家信息中心“一带一路”大数据中心，2018）。根据国家信息中心构建的“信息社会指数”，2017年全球信息社会指数为0.5748，“一带一路”沿线国家信息社会指数为0.5599，略低于世界平均水平，参与测评的54个“一

① 《“一带一路”数字经济国际合作倡议》，中华人民共和国国家互联网信息办公室网站，http://www.cac.gov.cn/2018-05/11/c_1122775756.htm。

② 中华人民共和国商务部，《“数字丝路”建设将成全球发展新引擎》（2019年9月9日，《经济日报》），http://tradeinservices.mofcom.gov.cn/article/yanjiu/hangyezk/201909/89991.html。

带一路”沿线国家中，仅新加坡、巴林、科威特3个国家进入信息社会中等阶段，“一带一路”沿线国家不仅总体信息化水平低于全球平均水平，而且沿线各国信息化水平差异巨大，各国发展很不平衡，蕴藏着数字合作机遇（苏小莉、邹明，2020）。未来在战略层面，应进一步加强“信息丝绸之路”“数字丝绸之路”的研究设计和实施，以数字化和数字合作助力共建“一带一路”。

第四节 “量力而行，尽力而为”政策主张

秉持中国国际发展合作“量力而行，尽力而为”的政策主张[①]，对外数字合作应防范财政投入过多的风险。尤其是在数字基础设施领域，应当突破传统的基础设施援建模式，主要发挥市场的作用，以贸易、投资、技能输出和当地共建为主，在互利共赢的基础上规划数字合作。在“尽力而为”的基础上“量力而行”，形成合理、有效、可持续的财政投入。

数字化领域的对外援助，尤为需要贯彻“量力而行”的政策主张。数字基础设施领域的合作是数字合作的关键组成部分，网络联通和数字基础设施的不足，以及配套的家庭用电等问题，都制约着数字化和与当地的数字合作。全球数字鸿沟的首要表现依然是网络联通鸿沟，截至2020年，全球仍有约35亿人没有互联网，其中，最不发达国家的网络联通程度最低，仅有19.1%的人使用互联网，而在发达国家这一比例为86.6%（UN，2020；UNDP，2019a）。其中，非洲网络联通鸿沟尤为突出，非洲网络联通率明显低于世界平均水平[②]。缩小全球数字鸿沟是全球性发展目标，需要全球通力合作，资金需求巨大。根据国际电信联

---

① 《新时代的中国国际发展合作》白皮书，新华网，http://www.xinhuanet.com/2021-01/10/c_1126965418.htm。

② 《测量数字发展：2020年事实和数据》，国际电信联盟（ITU），https://www.itu.int/en/ITU-D/Statistics/Documents/facts/FactsFigures2020.pdf；《测量数字发展：2019年事实和数据》，国际电信联盟（ITU），https://itu.foleon.com/itu/measuring-digital-development/home/。

盟的估计，到2030年，解决全球剩下的90%的没有网络的人的上网问题，至少需要4300亿美元，仅非洲就需要1000亿美元；此外，全球接近8亿人仍然无法用电，也需要大量的资金投入①。以非洲为例，家庭用电问题严重制约着非洲的网络联通能力。据联合国开发计划署非洲地区局2021年2月的政策简报，用电制约着非洲互联网的普及，撒哈拉以南非洲家庭通电率仅为45%，是全世界最低的②。缩小全球数字鸿沟不仅包括缩小网络联通鸿沟，还包括缩小家庭用电等基础设施鸿沟。

2020年，联合国秘书长《数字合作路线图》提出，数字化应优先重视互联互通（UN，2020）。但是对于国家行为体而言，传统的基础设施援建模式不应成为数字化领域对外援助的主要构成部分，对外数字合作应侧重"授人以渔"，包括数字化运用、数字经济、能力建设等领域的合作。因而，这要求在对外数字合作中，应加强对受援助国和援助领域的评估，在援助项目实施前期重点加强风险评估。应重点加强与"一带一路"沿线国家和地区的数字合作，以"一带一路"为数字合作的平台，以数字合作促"一带一路"建设，在国别和地区层面，加强战略精准对接，加强评估相应的投入、风险和收益等因素。

此外，增强对外援助和国际发展合作的稳定性和可预期性，有助于提升对外援助效果。根据2021年发布的《新时代的中国国际发展合作》白皮书，中国国际发展合作的政策主张第六条强调对外援助的可持续性，即"秉持善始善终，注重持续。中国通过加强实施管理、监督评估，切实保障项目质量。注重已建成项目后续运营，提供配套技术服务，推进投资、建设、运营一体化，维护中国援助的品牌和信誉，放大

① 2021年4月27日举办的"数字合作与联通高级别主题辩论：全社会动员消除数字鸿沟"会议（High-level Thematic Debate on Digital Cooperation and Connectivity，27 April，2021），联合国大会（General Assembly of the United Nations）网站，https://www. un. org/pga/75/digital – cooperation – and – connectivity/。

② 联合国开发计划署非洲地区局，2021年2月《COVID – 19政策简报——COVID – 19公平数字化：不让一个人落下》，https://www. africa. undp. org/content/rba/en/home/library/issue – briefs/covid – 19 – digitalization – with – equity – – leaving – no – one – behind. html。

综合效益”①。以往关于对外援助的文献发现，对外援助的可预期性和稳定性对于提升援助效果和影响力十分重要，尤其是对于那些严重依赖对外援助的发展中国家（Liu 和 Li，2022）。对外援助的不可预期性（Unpredictability），包括援助金额的年度差异和变化的不可预测，降低了援助促进增长的作用，援助的不可预期性可导致 1/5 至 1/3 的前期援助被浪费（Kodama，2012）。因而，应增强规划，尤其是中长期规划，增强援助的可预期性和连续性。

第五节　小结

对外援助既是大国外交的重要手段，也是彰显国家道义的重要载体，对提升中国国际影响力发挥着重要作用。为提升对外援助的影响力和效果，应在对外援助领域上加强规划设计，紧密结合时代发展趋势，关注一些新的、有发展潜力和国际社会普遍关注的议题，如数字化。确立对外援助的核心领域有助于提升对外援助的协调一致和延续性，以往研究也表明，援助的稳定性和可预期性是提升对外援助效果的重要因素。基于此，建议加强对外援助重点领域的战略规划和设计，将数字化作为关键援助领域之一。

① 《新时代的中国国际发展合作》白皮书，新华网，http://www.xinhuanet.com/2021-01/10/c_1126965418.htm。

第八章

数字合作路径之多边国际发展合作

在发挥传统双边对外援助效应的同时，中国也越来越重视和更广泛地参与、推动和主导相应的多边国际发展合作倡议和项目。中国坚定支持多边主义和联合国在国际事务中发挥核心作用。当前中国是联合国常规预算、联合国维和预算两项预算的第二大出资国。根据2018年12月联合国大会通过的2019—2021年联合国常规预算和维和预算经费分摊比例决议，中国在联合国常规预算经费中的分摊比例由7.92%上升至12%，中国在联合国维和预算经费中的分摊比例由10.24%上升至约15.22%，中国成为两项预算的第二大出资国①。中国在维和、可持续发展议程和南南合作方面，发挥着重要作用，为联合国机构提供了重要支持，包括对联合国南南合作基金、中国—联合国和平与发展基金、中国—联合国粮农组织南南合作信托基金的资金支持等②。

“与国际组织开展务实合作”是新时代中国国际发展合作，加强国际交流与三方合作的重要构成部分③。与国际组织合作，也是中国参

① 《图表：中国成为联合国两项预算第二大出资国》，中华人民共和国中央人民政府网，http://www.gov.cn/xinwen/2018-12/24/content_5351772.htm。

② 国家主席习近平2020年9月《在第七十五届联合国大会一般性辩论会上的讲话》宣布，“中国将设立规模5000万美元的第三期中国—联合国粮农组织南南合作信托基金；中国—联合国和平与发展基金将在2025年到期后延期5年”。参见习近平《习近平在联合国成立75周年系列高级别会议上的讲话》，人民出版社2020年版，第12页。

③ 《新时代的中国国际发展合作》白皮书，新华网，http://www.xinhuanet.com/2021-01/10/c_1126965418.htm。

与、支持和倡导推动多边国际发展合作的重要途径。2015 年，国家主席习近平出席联合国发展峰会时，发表题为《谋共同永续发展　做合作共赢伙伴》的重要讲话，宣布中国将设立“南南合作援助基金”，支持发展中国家落实 2015 年后发展议程，并继续增加对最不发达国家投资[①]。根据《新时代的中国国际发展合作》白皮书，“2016 年以来，中国在南南合作援助基金项下与联合国开发计划署、世界粮食计划署、联合国难民署、联合国儿童基金会、世界卫生组织、国际红十字会等十多个国际组织和国际非政府组织开展合作，发挥其专业能力和渠道优势，在亚洲、非洲、美洲等地区近 50 个国家实施粮食援助、灾后重建、难民救助、妇幼卫生等领域的发展合作项目，约 2000 多万发展中国家民众受益……加大捐资力度，增加向世界银行国际开发协会、亚洲发展基金、全球环境基金等捐资额度，支持发展中国家特别是最不发达国家减贫和可持续发展……促进联合融资，与世界银行、亚洲开发银行等双多边金融机构加强交流合作，共同为有关国家提供资金支持”[②]。中国国际发展合作的实践中，高度重视与国际组织开展合作，也取得了较好的成效。

作为全球新兴经济体之一，中国在提出国际发展合作倡议和推动成立国际发展金融机构等方面发挥着越来越重要的作用，如共建“一带一路”，发起创办亚洲基础设施投资银行、金砖国家新开发银行等。这些倡议为推动国际发展合作，尤其是助推南南合作注入了新动力。如图 8.1 所示，本章分别从战略精准对接、创新国际发展合作基金、知识和经验分享、全球数字治理四方面论述，与国际组织合作和开展多边国际发展合作推动数字合作的切入点和路径。

① 习近平：《谋共同永续发展　做合作共赢伙伴——在联合国发展峰会上的讲话》，《人民日报》2015 年 9 月 27 日。

② 《新时代的中国国际发展合作》白皮书，新华网，http://www.xinhuanet.com/2021-01/10/c_1126965418.htm。

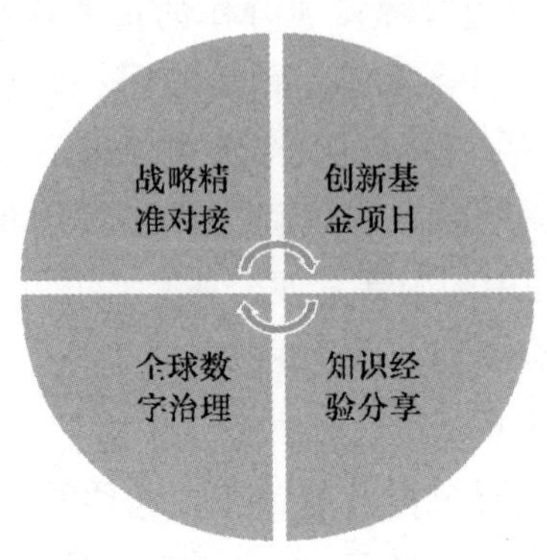

图 8.1 多边国际发展合作的支柱

资料来源：笔者绘制。

第一节 国际组织数字化战略精准对接

国际组织的数字化战略、数字合作倡议与相关机构中长期战略规划，是与国际组织开展数字合作，以及通过国际组织实施数字化领域多边国际发展合作的切入点。近年来，国际上对加强数字合作凝聚了越来越多的共识，数字化成为全球层面国际发展合作的重要领域、目标和发展趋势，并将继续深化发展，也是未来国际发展合作的重要方向。应高度重视全球数字合作趋势，加强与联合国、世界银行等国际组织在数字化战略和数字合作倡议等方面的对接，积极参与和支持国际组织出台的数字化战略和数字合作倡议，如世界银行提出的“数字发展伙伴关系”倡议、联合国开发计划署推出的《数字化战略》、联合国秘书长《数字合作路线图》、联合国贸发会启动的“所有人的网上贸易”倡议、世界经济论坛提出的“打造数字经济的未来和新价值创造倡议”，以及“联合国创新网络”和“联合国数字化方案中心”等。

除专项数字化战略，近年来，国际组织也将数字化作为重要的战略发展方向纳入机构发展的中长期战略规划中。例如，根据《国际电信联盟 2020—2023 年战略计划》，2020—2023 年，国际电信联盟的主要使命是“推动、协调和促进，电信和信息通信技术网络、服务和应用的普及，并将其用于社会、经济、环境的可持续增长和发展”，并提出普及互联网、缩小数字鸿沟、可持续的数字化、管理相应的风险、创新的数字化、加强合作和伙伴关系等一系列目标①。2021 年 9 月 2 日联合国开发计划署发布的《联合国开发计划署战略规划：2022—2025 年》（*UNDP Strategic Plan*，*2022—2025*），第一个战略发展方向便是“结构性转型，包括绿色的、包容性和数字转型”（Structural Transformation，Including Green，Inclusive and Digital Transitions），并提出数字化是实现可持续发展目标和实现发展影响最大化的重要推动者（Enabler）②。实践层面，2021 年 5 月，联合国开发计划署与国际电信联盟（International Telecommunication Union，ITU）共同成立了新的数字化能力发展联合设施（Joint Facility for Digital Capacity Development），以提升数字化能力，尤其是数字技能较低群体的数字化能力③。组织设施层面，联合国开发计划署成立数字化团队（Digital Team），2019 年设立首席数字办公室（Chief Digital Office），以引领联合国开发计划署的数字化转型④。其职能包括内外两方面，对内包括在联合国开发计划署释放知识资源、数据资源、使用数字技术，提升联合国开发计划署的成本效益和效率；对外包括界定数字化执行和交付模式（Digital Delivery Models）、鼓励数字化和合作、增强数字合作伙伴关系⑤。

加强与国际组织数字化战略及机构战略规划的对接，需要熟悉并密切关注相应的战略发展、战略实施和效果，增强对于新的发展趋势的敏感性和重视程度。正如经济合作与发展组织在其数字化战略中提出的，

---

① 《国际电信联盟 2020—2023 年战略计划》（*Strategic Plan for the Union for 2020 - 2023*），国际电信联盟网站，https://www. itu. int/en/council/planning/Documents/ITU_ Strategic_ plan_ 2020 - 2023. pdf。

② 《联合国开发计划署战略规划：2022—2025 年》（*UNDP Strategic Plan*，*2022 - 2025*），联合国开发计划署网站，https://www. undp. org/publications/undp - strategic - plan - 2022 - 2025。

③ 国际电信联盟网站，https://www. itu. int/en/mediacentre/Pages/cm29 - 2021 - ITU - UNDP - Joint - Facility - Digital - Capacity - Development. aspx。

④ 联合国开发计划署网站，https://digital. undp. org/content/digital/en/home/CDO. html。

⑤ 联合国开发计划署网站，https://digital. undp. org/content/digital/en/home/CDO. html。

“数字化的影响如何强调都不为过，而且刚刚开始……如果政府工作人员不能充分地理解数字化，从数字化获利的战略机遇将被遗失”（OECD，2020b）。因而，应加强对国际上提出的新的数字合作议程、数字方案和全球数字治理议程的研究和布局，提出相应的政策主张，以占领发展和国际合作的先机。

第二节 创新国际发展合作基金模式

近年来，中国、印度、巴西、南非等新兴发展中国家在对外援助和多边国际发展合作的舞台上，发挥着越来越重要的作用，成为新兴的对外援助国家，其双多边国际发展合作的共同举措是与国际组织合作，设立信托基金。例如，2006 年印度、巴西、南非成立“印度、巴西、南非减贫和消除饥饿基金”（India，Brazil and South Africa Facility for Poverty and Hunger Alleviation，IBSA Fund），2017 年，印度在联合国南南合作基金下设立印度—联合国发展伙伴关系基金（India-UN Development Partnership Fund）等①。

中国同联合国、全球和区域发展银行等国际组织开展合作，围绕不同主题、不同业务领域和面向不同地区，设立了一系列国际发展合作基金，在中国的双多边国际发展合作中发挥着重要作用。例如，2016 年中国设立为期十年的“中国—联合国和平与发展信托基金”（United Nations Peace and Development Trust Fund，UNPDF），分别设立“秘书长和平与安全分基金”（Secretary-General's Peace and Security Sub-Fund）和“2030 年可持续发展议程分基金”（2030 Agenda for Sustainable Development Sub-Fund），主要支持相应的项目和活动，涵盖维和、反恐、加强联合国与地区组织的伙伴关系、减贫、科技发展、中小微企业、教育和健康等多个领域②。根据 2021 年《新时代的中国国际发展合作》

① 联合国南南合作办公室网站，https://www.unsouthsouth.org/our-work/south-south-trust-fund-management/。

② 联合国网站，https://www.un.org/en/unpdf/index.shtml。

白皮书，中国积极同国际机构合作，支持其他发展中国家能力建设，同联合国设立统计能力开发信托基金，为59个发展中国家的近900名政府统计人员提供培训；设立中国—联合国教科文组织信托基金，十余个非洲国家1万多名教师受益；捐资8000万美元设立中国—联合国粮农组织南南合作信托基金，在近30个国家实施农业合作项目，超过100万农民从中受益；在世界银行设立“中国—世界银行伙伴关系基金”。在区域层面，中国在亚洲开发银行设立“中国减贫与区域合作基金”；在非洲，中国出资20亿美元与非洲开发银行设立“非洲共同增长基金”；出资20亿美元与美洲开发银行设立“中国对拉美和加勒比地区联合融资基金”①。

本节以印度—联合国发展伙伴关系基金（以下简称印度—联合国基金）为例，展开深度案例分析，论述中国聚焦数字化与国际组织合作设立专项数字化基金的意义、可行性和借鉴。之所以选取印度—联合国基金作为案例分析有三个原因。一是印度—联合国基金是印度实施双多边国际发展合作的重要基金渠道之一，是观察分析印度作为新兴对外援助国家对外援助和多边国际发展合作实践的重要案例。二是印度—联合国基金的基金管理、项目立项和决策模式上，成员国政府有较大的话语权，印度—联合国基金委员会的构成和决策方式，既体现了成员国政府与联合国机构的密切合作，也保障了成员国政府的绝对话语权和决策地位。同时，在项目落地实施、监督和评估上，通过与不同的联合国专项机构合作，实现了借助专业力量和国际平台，以成本收益最大化的方式实施了援助，节约了本国人力资本，也减少了风险。三是印度—联合国基金是一个新的基金项目，但在成立3年多的时间内，发展迅速，共援助59个发展中国家。印度—联合国基金作为印度的外交工具借助了联合国的平台，实现了花小钱、广交朋友、大宣传的效果；但也存在一些明显的不足，最典型的是援助领域缺乏特色和优势。

本节数据和素材来源于公开发布的2019年和2020年的《印度—联

---

① 《新时代的中国国际发展合作》白皮书，新华网，http://www.xinhuanet.com/2021-01/10/c_1126965418.htm。

合国发展伙伴关系基金报告》①。2017 年，印度设立印度—联合国发展伙伴关系基金（India-UN Development Partnership Fund），印度政府承诺 10 年之内共出资 1.5 亿美元援助发展中国家。该基金由联合国南南合作办公室监管，联合国南南合作办公室还监管另外三项南南合作基金，分别是联合国南南合作基金、Perez-Guerrero 南南合作信托基金、印度巴西和南非基金。这四项南南合作基金中，印度—联合国基金是唯一以单个国家主导的南南合作基金。目前来看，从实施效果和影响力上，印度—联合国基金呈现出以下几方面的特征。

第一，印度—联合国基金项目发展速度快，涉及国家多。截至 2020 年 2 月，该基金共启动和批准 46 项援助项目，涉及 59 个发展中国家，以小岛屿国家（42.4%）、最不发达国家（30.5%）和内陆发展中国家（18.6%）为主。其中，非洲的项目占比最高，为 40%，随后是拉丁美洲和加勒比地区（28%）、亚太地区（24%）、东欧（8%）。此外，基金成立之初就明确，1/3 的预算将用于援助英联邦发展中国家，截至 2020 年 2 月，英联邦发展中国家项目占总项目数的 39%。

第二，印度—联合国基金的项目整体预算较低，小额援助项目居多。根据 2019 年和 2020 年的《印度—联合国发展伙伴关系基金报告》，项目预算低于 50 万美元的占总项目数的 29%；预算为 50 万—100 万美元的占比为 34%；100 万美元及以上的占 37%②。截至 2020 年 2 月，印度—联合国基金下实施的项目中，预算最高的项目为 125 万美元，用来援助大洋洲国家瑙鲁建设垃圾转肥料的基础设施；而预算最低的一个项

① 联合国南南合作办公室，《印度—联合国发展伙伴关系基金报告》（2019），https://www.unsouthsouth.org/wp-content/uploads/2019/06/UNDP_ India-UN-Fund-Report_ May-2019_ v1.6-web-ready.pdf；《印度—联合国发展伙伴关系基金报告》（2020），https://www.unsouthsouth.org/wp-content/uploads/2020/09/India-Fund-Abridged-Report-2020-WEB.pdf。

② 联合国南南合作办公室，《印度—联合国发展伙伴关系基金报告》（2019），https://www.unsouthsouth.org/wp-content/uploads/2019/06/UNDP_ India-UN-Fund-Report_ May-2019_ v1.6-web-ready.pdf；《印度—联合国发展伙伴关系基金报告》（2020），https://www.unsouthsouth.org/wp-content/uploads/2020/09/India-Fund-Abridged-Report-2020-WEB.pdf。

目仅为9.8万美元，援助加勒比海国家格林纳达建设公共服务培训中心。

第三，印度—联合国基金下，援助领域广泛，但传统的基础设施援助项目居多，对数字化相关的援助略有涉及。健康、政府治理领域的援助项目占比最高，分别占总项目数的13%，其次是能源、教育、环境（各占9%），水和卫生、自然灾害各占7%。数字化领域的援助略有涉及，如在巴布亚新几内亚成立信息技术学习中心、在东帝汶实施通过信息与通信技术提升当地教育和技能的项目、在摩尔多瓦实施数据共享以增强政府治理能力的项目。

第四，印度—联合国基金下的多个项目与印度的其他国际合作倡议相配合。2018年，在印度政府的积极倡议下，成立了国际太阳能联盟（ISA），总部设在印度。为配合和支持印度政府的国际太阳能联盟倡议，印度—联合国基金倾向于支持太阳能领域的援助，例如，在11个太平洋岛屿国家实施的居民区太阳能项目、在马绍尔群岛实施的太阳能发电制冷系统建设等。

第五，注重方案共享，宣传印度经验。印度—联合国基金下，在7个太平洋小岛屿国家援建的气候早期预警系统项目中，印度政府组织受援助国家17名从业人员前往印度接受为期1个月的水文地理学培训，由印度的相关智库为受援助国从业人员提供专业技能和社交平台宣传技能等方面的培训。

从基金管理、运营和决策模式看，印度—联合国基金具有以下特征。第一，在基金管理和项目执行上，印度—联合国基金动员联合国多个机构。该基金由联合国南南合作办公室主管，而在项目执行上，依据项目涉及的发展领域，由不同的联合国机构执行。截至2020年2月，共有联合国开发计划署、联合国教科文组织、国际劳工组织、联合国儿童基金会等12个机构参与执行印度—联合国基金项目。对印度而言，这既降低了项目评估成本和项目风险，也无形中提高了印度在整个联合国系统的可见度和影响力。

第二，从立项到执行，印度政府始终把握决策权和主动权。项目申请流程是，发展中国家直接向印度常驻联合国代表团提交非正式申请；得到批准以后，由印度—联合国基金理事会在定期会议中审议，而通常印度常驻联合国代表团非正式批准以后，在主任理事会中被否决的概率较小；项目立项以后，相应的联合国机构和受援助国政府共同执行。项目实施中，受援助方须定期提交进度报告，并与印度政府共享。

第三，多元途径宣传印度的对外援助，包括形成季度简报直接推送给相关国家大使；发布印度—联合国基金报告；以及使用脸书（Facebook）、推特（Twitter）等社交平台以国际组织平台账号进行宣传和互动。而基金管理部门在对外交流中，也积极宣传推广印度—联合国基金，并鼓励联合国成员国申请。

第四，重立项、重宣传、轻质量的特征较为明显。由于项目涉及的发展中国家较多，语言、发展能力、治理能力等方面均存在较大差异，日常管理中会出现沟通不畅等问题。例如，一些项目申请标书和进度汇报经常使用法语、西班牙语或者其他语言。一个司空见惯且略有讽刺的现象是，一些很重要的官方文件整篇上传使用谷歌翻译工具，时常出现只言片语，无法把握其要义的情况。这也一定程度上反映了该基金项目对印度而言，实际发展效果并不是最重要的，重要的是开展了援助、促进了国家间关系并借此宣传了国家形象。

印度—联合国基金的运行模式及效果具有以下借鉴意义。第一，借助国际多边组织开展对外援助和国际宣传，探索小预算、长期化、最大化覆盖发展中国家的可持续性对外援助道路。当前中国是联合国常规预算、联合国维和预算两项预算的第二大出资国①。然而，借助多边组织开展对外援助不同于常规预算的出资，而是对外援助中政府主导和国际组织参与的新尝试。印度—联合国基金既动员了联合国的平台和资源，提高了效率、降低了风险，也巧妙地实现了宣传目的。

第二，印度—联合国基金所涉及的援助领域广泛，但缺乏优势和特色，中国应探索具有特色的重点援助领域。数字化为推动实现联合国可

① 《图表：中国成为联合国两项预算第二大出资国》，中华人民共和国中央人民政府网，http://www.gov.cn/xinwen/2018-12/24/content_5351772.htm。

持续发展目标提供了重要机遇，联合国也越来越重视数字化为实现可持续发展目标带来的动力。中国在数字科技、数字经济、数字化转型等方面处于领先地位，数字化领域的对外援助有助于开创国际发展合作的新局面。从具体援助领域而言，也广有可为，如数字化基础设施、数字经济、电子商务、技能培训、经验共享、知识分享等。

第三，通过国际发展合作基金，借助国际组织加强国际宣传。宣传是一把“双刃剑”，以往在对外援助方面，中国做得多、说得少。鉴于曾盛行的“中国威胁论”，中国的对外援助也较为低调。但宣传不足也有问题，既不能充分地展示中国的国际贡献，也有一些声音质疑中国对外援助的目的和透明性。未来应加大中国对外援助和国际发展合作的宣传，通过与国际组织合作设置和执行国际发展合作基金，尤其是年度基金报告、项目执行简报、由国际组织的平台账号借助社交媒体的宣传，都会加大对外宣传的影响力。与传统双边援助下的自宣传相比，由国际组织为其宣传，会有更大的影响力也更容易被国际社会所接受。

基于对印度—联合国基金的深度案例分析，本章提出在数字化领域，延续中国与国际组织合作设立发展基金的模式。但在管理、实施和对外宣传上，可借鉴印度—联合国基金的模式，在把握决策权和话语权的基础上，与国际组织共建。此外，也吸取印度—联合国基金的不足，聚焦更为前沿、重要和能发挥本国比较优势的领域，以数字化为主题，在联合国设立中国数字化国际发展合作基金，在此基础上，借助联合国的平台进行基金管理、项目执行。

第三节　知识和经验分享

随着中国走近世界舞台的中央和国际形势的复杂变化，对外开展知识和经验分享，讲好中国故事，对于增进国际社会对中国的认知具有重要意义，也是中国积极参与全球治理和国际发展合作的重要途径。智库在对外开展知识和经验分享方面发挥着重要作用，智库与国际组织合作既是智库国际化建设，开拓新的国际传播途径、讲好中国故事的重要渠道，也是智库参与全球治理的重要过程。未来应进一步发挥智库国际化建设与国际发展合作的协同增效，结合国际组织知识管理战略，用知识讲好中国故事。同时，也对智库国际化水平、讲好中国故事的能力、应急和国际斗争能力提出了更高的要求。

一　联合国机构知识管理战略

国际发展合作的根本是，帮助发展中国家解决“怎么办”的问题，分享知识、经验和方案是解决这一问题的关键。近年来，知识分享在国际发展合作中日益重要，多个联合国机构将知识管理上升到战略层面，在机构中长期战略规划中纳入知识管理，或出台专门的知识管理战略（见表 8.1）。例如，国际原子能机构（IAEA）自成立起的定位就是成为原子能知识和信息中心，帮助成员国形成和发展原子能知识①。国际劳工组织 2002—2005 年的战略政策框架中指出知识管理的重要性，宣布将执行知识管理政策，并致力于成为就业领域的主导知识机构（ILO，2000）。2005 年，世界卫生组织出台知识管理战略，并定位为知识型机构（WHO，2005）。国际农业发展基金会于 2007 年提出知识管理战略，一些知识管理元素至今仍适用（IFAD，2007）。2019 年，国际农业发展基金会出台 2019—2021 年的新阶段知识管理战略（IFAD，2019）。联合国妇女组织继 2014—2017 年知识管理战略的执行，继续出台和执行 2018—2021 年知识管理战略（UN Women，2018）。联合国开发计划署分别提出 2009—2011 年、2014—2017 年知识管理战略框架；并且在机构中长期战略规划中，将知识分享纳入机构的发展规划（UNDP，2021）。世界知识产权组织出台 2015—2018 年知识管理战略，提出形成知识管理型文化（WIPO，2015）。此外，联合国教科文组织、联合国环境规划署、联合国人类住区规划署等机构也出台或执行各自的知识管理战略。

① 国际原子能机构网站，https://www.iaea.org/topics/nuclear-knowledge-management。

表 8.1　**联合国机构知识管理理念和业务支柱**

	知识分享理念	主要支柱
国际原子能机构	知识有助于发展和形成原子能领域所需要的科学技术、专家和能力	构建、收集、转移、分享和运用知识
国际劳工组织	规避过度的信息超载、开展有效和相关的知识分享、发挥隐性知识的作用	收集、处理、宣传推广信息和知识
国际农业发展基金会（2007）	致力于成为学习型机构，包括从其项目中学习、从合作伙伴方学习，特别是农村贫困人口；分享相应的信息和知识来推广优秀实践，发挥政策影响力	强化知识分享和学习过程、构建支持知识分享的基础设施、培育知识分享型伙伴关系、形成积极的知识分享和学习文化
国际农业发展基金会（2019—2021）	将知识转移和运用于发展；通过伙伴关系，收集和转移知识；将人置于知识管理战略的核心，员工知识是重要资产	产生新知识、运用知识、赋权型环境
联合国开发计划署	知识分享助力形成包容和可持续的增长和发展、加强机构建设获取基本服务、知识分享推动性别平等和女性赋权、减少冲突和自然灾害风险等	机构层面学习和知识分享；构建知识网络；公共参与；南南合作和用户导向型知识分享；人才管理
联合国妇女组织	以人为本的知识管理，将女性视为知识管理积极参与者，形成以证据和经验为基础的知识，需求驱动型知识分享，依据不同环境的特殊性开展知识分享，而非“一刀切”	知识的产生、知识分享、知识传播和人力运用
世界卫生组织	目的导向、服务型、干中学、依托具体事例产生的知识；愿景：通过更好的知识管理和分享，实现全球健康领域公平正义	创造、分享、运用知识来改善健康

资料来源：笔者依据联合国相应机构颁布实施的知识管理战略梳理所得。

从员工对知识管理的认知来看，联合国员工普遍认同知识对实现可持续发展目标的重要性。根据 2016 年联合国联合检查组（Joint Inspection Unit，JIU）发布的《联合国系统知识管理报告》（*Knowledge Management in the United Nations System*），对知识的有效使用对实现发展目标至关重要（JIU，2016）。在参与调查的 6634 名联合国员工中，96.6%的人认为知识管理十分重要，71.7%的人认为应出台知识管理战略（JIU，2016）。然而，联合国机构的知识管理战略的发展和实践也有需要进一步加强的地方。比如，此次调查的受访者只有 25.3%的人表示，其所在的部门真正地开展了知识管理业务（JIU，2016）。这说明在实际运作层面，对知识的开发、分享和利用有待进一步加强。同时，联合国不同机构对知识管理有不同的定位，分别提出各自领域的知识管理战略，相互之间有待加强协调，形成合力。这也表明，知识管理和分享尚未充分开发，仍有较大的合作需求和空间。联合国系统一方面重视知识和经验分享，另一方面也存在能力不足的问题，在知识产品的质量、产出和影响上也参差不齐。

二 联合国对知识和知识管理的界定

何为“知识”？联合国对知识的界定较为宽泛，包括发展理念、研究成果、信息、数据、经验和方案等。纵观多个联合国机构提出的知识管理战略，如《2014—2017 年联合国开发计划署知识管理战略框架》《2018—2021 年国际劳工组织知识战略》和国际农业发展基金会 2007 年提出的知识管理战略等，知识管理业务可总结为四个方面。如图 8.2 所示，一是从发展实践中提炼和创造新知识；二是分享知识，这也是知识管理的核心，具体形式包括，发布和推广知识报告、借助数字化平台分享知识和方案、汇集良好实践、举办研讨会、构建政策和方案数据库等；三是对接伙伴关系，根据发展中国家和相关合作方的知识需求，提供对接、咨询和培训等支持；四是根据实际情况将知识运用到政策设计和项目实践中（IFAD，2007；UNDP，2014；ILO，2017）。创造新知识、分享知识、伙伴关系搭建和知识的运用四个环节互为关联，构成了当前国际组织知识管理业务的主要支柱。

从知识的类型来看，联合国机构出台的知识管理战略主要将知识分为显性知识和隐性知识两类。根据联合国粮食及农业组织（FAO）和联合国妇女组织的界定，“显性知识”指通过文件、数据库等捕捉和记录下来的知识，包括简报、杂志、手册、书籍、期刊、纪录片、视听材

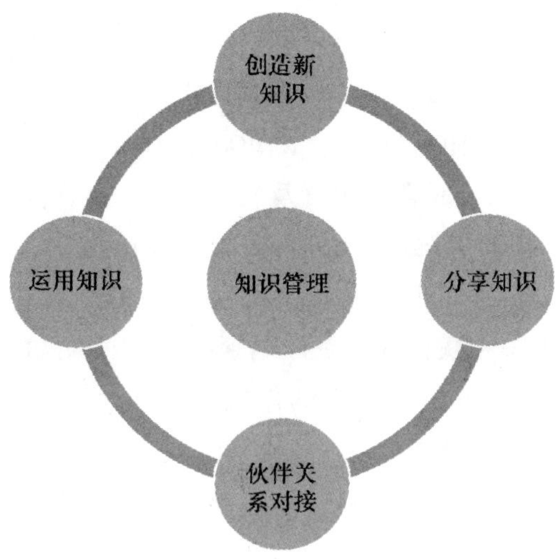

图 8.2　国际组织知识管理四支柱

资料来源：笔者依据国际组织的知识管理战略总结绘制，包括《2014—2017 年联合国开发计划署知识管理战略框架》《2018—2021 年国际劳工组织知识战略》《国际农业发展基金会知识管理战略》等。

料、数据等；“隐性知识”是存在于人脑海中，未落在文字上的知识和经验，多数人并没有意识到他们享有一些知识以及这些知识的价值和意义，或者不认为是知识，从而忽视了分享①。

纵观联合国机构的知识管理战略，有几个知识管理的基本原则。一是知识管理和分享有所针对，不是“一刀切”。知识分享是有效的知识分享和相关的知识分享，不是分享所有的知识，而是面向对的人、分享对的知识，即对于机构和相应的业务领域最为重要和相关的知识（UN Women，2018）。二是注重形成知识型的国际组织文化环境，提升对知识管理重要性的认知。例如，国际原子能机构自成立起的定位即成为原

① ABC of Knowledge Management，https://www.fao.org/fileadmin/user_upload/knowledge/docs/ABC_of_KM.pdf；UN Women，Knowledge Management Strategy East and Southern Africa，2018 - 2021，Nairobi，https://www2.unwomen.org/-/media/field%20office%20africa/attachments/publications/2019/un%20women%20east%20and%20southern%20africa%20knowledge%20management%20strategy%202018-2021_web.pdf?la=en&vs=4235.

子能知识和信息中心，帮助成员国形成和发展原子能知识；国际劳工组织提出致力于成为就业领域的主导知识机构；世界卫生组织的知识管理战略提出其定位为知识型机构；世界知识产权组织提出形成知识管理型文化（ILO，2000；WHO，2005；WIPO，2015）。三是注重隐性知识的作用。国际劳工组织、联合国粮食及农业组织、联合国妇女组织、开发计划署等在知识管理中纷纷提出发挥隐性知识的作用。“隐性知识”包括存在于人脑海中的知识、经验、方法等，与之对应的是“显性知识”。国际劳工组织和联合国开发计划署等机构，在知识管理战略中也纷纷提出应重视和发挥隐性知识的作用。根据《2014—2017 年联合国开发计划署知识管理战略框架》，很多知识是隐性的，尤其是在国际组织内部，比如雇员拥有某些领域的知识或经验方法，因而，知识分享需要以人为依托，发挥人的中心作用，而不仅仅是分享知识产品和记录在案的出版物（UNDP，2013）。

在此背景下，应加强知识和经验分享，发挥智库的作用，通过加强智库与国际组织合作，开展高质量的知识和经验分享。这将助力多层次、真实立体地讲好中国故事，分享传播中国经验，也有助于进一步提升中国的国际话语权和国际传播影响力，同时为全球可持续发展目标的实现贡献中国智慧和经验方案。开展智库与国际组织的务实合作和建立合作伙伴关系，将是开拓新的国际传播途径的重要探索。因而，新时代的多边国际发展合作中，应增强智库与国际组织合作的意识和能力，对接国际组织的知识管理战略、知识和经验分享业务，分享中国的发展和治理经验和中国方案。

三 联合国知识分享业务典型做法和特征

纵观联合国系统的知识管理业务，发展类机构尤为重视知识分享。在对知识的管理中，作为全球最大的技术援助多边机构，联合国开发计划署在知识管理方面有一些较为典型的经验做法。一是将知识管理纳入中长期战略规划中。开发计划署分别两次提出专项的知识管理战略框架，涵盖 2009—2011 年、2014—2017 年两个时间段（UNDP，2009；UNDP，2014）。除了专项的知识管理战略，知识管理也被纳入机构的阶段性战略规划中。这既体现在《联合国开发计划署战略规划：2018—2021年》（UNDP，2017）；也体现在新阶段的《联合国开发计划署战略规划：2022—2025年》中，在全球伙伴关系方面，新阶段战略规划强调发挥包括智库学界在内的合作伙伴的能力、资源、知识和专家优势（UNDP，2021）。

二是由最初的应急型知识分享到建设知识驱动型机构。通过比较前述联合国开发计划署不同阶段的知识管理战略和规划，研究发现，其对于知识管理和分享什么样的知识也在经历着变化和调整。《2009—2011年联合国开发计划署知识管理战略》提出，主要关注急需和适时的知识分享①；《联合国开发计划署战略规划：2014—2017年》（UNDP Strategic Plan，2014－2017）提出，将开发计划署建设成知识驱动、创新和开放的机构②。这折射出，国际组织的知识分享实现了从业务型、应急型分享，到主动的、知识驱动型的转变。

三是重视南南合作，知识分享平台建设是知识分享和经验分享的重要依托。开发计划署提出，通过推动发展中国家知识分享实现可持续发展目标。《联合国开发计划署战略规划：2018—2021年》中，提出加强知识分享和平台建设，促进全球知识分享和伙伴关系建设③。其中一个落地是，2019年联合国相关部门启动"南南星空平台"，作为全球知识分享和伙伴关系搭建的数字化平台，旨在链接联合国系统相关知识网络，为发展中国家及相应合作伙伴提供信息对接、知识分享、伙伴关系搭建和融资通道等一站式服务④。

联合国的知识分享平台在接收外部合作伙伴提交的知识和经验分享产品上有一些侧重点和特征。一是侧重经验做法的可持续性。这里"可持续性"的经验做法有两方面的内涵：纵向上，某一经验做法是否长期

---

① 联合国开发计划署（UNDP）网站，https://procurement－notices. undp. org/view_ file. cfm? doc_ id＝4466。

② 联合国开发计划署（UNDP）网站，https://www. undp. org/publications/undp－strategic－plan－2014－17。

③ 联合国开发计划署（UNDP）网站，《2018—2021年联合国开发计划署战略规划》，https://strategicplan. undp. org。

④ 南南星空平台网站，https://www. southsouth－galaxy. org/home－page/。

有利于发展、可持续，是否符合可持续发展理念；横向上，一个经验做法是否具有国际可推广性，而非只是在某一个国别或者地区内的特殊经验做法。二是凸显人的重要性，强调人的发展。人类发展理论是联合国系统内国际发展业务的重要理论依据，将人的发展作为发展的根本目的。从中国来看，也应当进一步加大和战略性地宣传中国以人民为中心的发展理念和成果，在全球治理的参与中，增强中国发展议程和国际发展合作的凝聚力和感召力。坚持以人民为中心、坚持普惠包容等理念不仅对外交外事工作具有重要的指导意义，也是引领国际发展话语体系和增强中国发展议程凝聚力的重要理论工具。在对外分享中，应加大宣传中国坚持以人民为中心的国际发展合作观，并贯穿到具体的实践做法分享中。三是极简务实、规范、政治中立的经验分享。国际组织的发展实践分享侧重两个方面：面临的具体挑战和问题，以及解决方案。这种极简原则不仅是与国际组织合作中应当贯彻的，也应成为中国开展一般性对外宣传的做法参考。此外，还应遵循一些基本的对外宣传规范，例如，对具体地点和人名应当采用匿名原则，注重个人隐私的保护，增强对外宣传的规范性。

结合前述国际组织的知识管理战略和特征，中国在开展对外知识和经验分享方面，可分三个层次借力国际组织知识管理战略，开展智库与国际组织的合作。如图 8.3 所示，第一层次，建立智库与国际组织的合作伙伴关系，熟悉和对接国际组织的知识管理战略。第二层次，开展具体的知识分享，讲好中国故事，包括通过传统出版物、合作产生新知

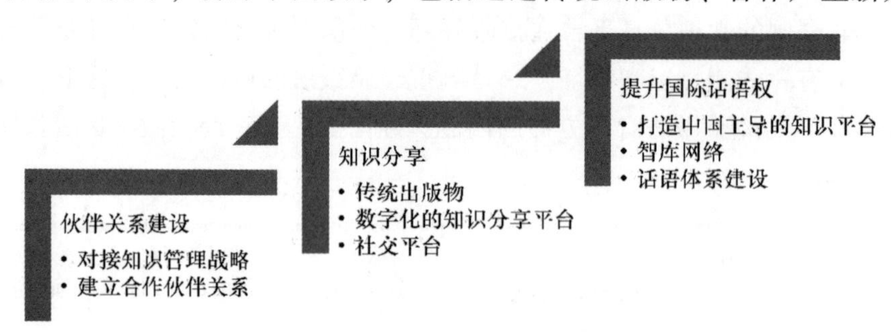

图 8.3 智库与国际组织合作路径

资料来源：笔者绘制。

识、数字化平台分享已有知识等多个途径开展。第三层次是提高话语权，通过智库网络建设等路径，助力提升中国的国际话语权。

四　多边主义与智库国际化

中国对外援助和国际发展合作实践中，重视同国际组织合作开展“能力建设”①，但缺乏关于知识和经验分享以及发挥智库作用的统筹部署。当前国际上了解中国依然主要借助西方媒体，随着中国走近世界舞台的中央，对外开展知识和经验分享，对于增进国际社会对中国的认知，在全球治理中贡献中国智慧和中国方案具有重要意义，因而，新时代赋予智库更多对外宣传使命。国际化是一流智库发展的必经阶段，是助力提升国家软实力的重要途径，也是一个国家全球软实力和国际话语权的象征（任福兵、李玲玲，2017；任福兵，2017）。中国智库在数量和影响力上具备一定的优势，智库国际化取得了重要成就，体现为国际影响力上升、开展双边和多边合作、积极参与全球治理、拓展智库间合作、搭建全球智库网络等（樊春良，2021）。但发达国家智库仍占优势，据美国宾夕法尼亚大学发布的全球智库报告，2020 年拥有智库数量最多的是美国（2203 家），其次是中国（1413 家），尽管亚非拉和中东地区智库数量呈增长趋势，智库种类也在增加，但全球 47% 的智库仍分布在北美和欧洲（McGann，2021）。应进一步加强中国智库国际化建设。

何为智库“国际化”？如图 8.4 所示，既有文献关于智库国际化的内涵和路径，可归纳总结为智库研究国际化、智库组织结构国际化、智库对外交往国际化和智库影响国际化四个方面。一是研究国际化，包括研究议题国际化、研究资源国际化、科研管理国际化，以及提出和推广中国的标志性概念和话语体系等（任福兵，2017；樊春良，2021）。二是智库在组织结构上的国际化，包括人才构成的国际化、建立海外分支机构、在区域和全球层面建立国际智库网络等（张志强、苏娜，2016；王辉耀，2014；任晓波，2020）。三是智库对外交往国际化，包括对外

① 《新时代的中国国际发展合作》白皮书，新华网，http://www.xinhuanet.com/2021-01/10/c_1126965418.htm。

交往理念国际化、开展智库间的交流和合作、与其他国家的合作、与国际组织多边交流合作、智库人员交流国际化等（朱旭峰、礼若竹，2012）。四是智库影响的国际化，包括智库科研成果传播的国际化、传播媒介和方式的国际化、发挥互联网作用打造国际化的智库官方网站、传播平台的国际化、传播面向受众的国际化等（任福兵，2017；王辉耀，2014；樊春良，2021）。

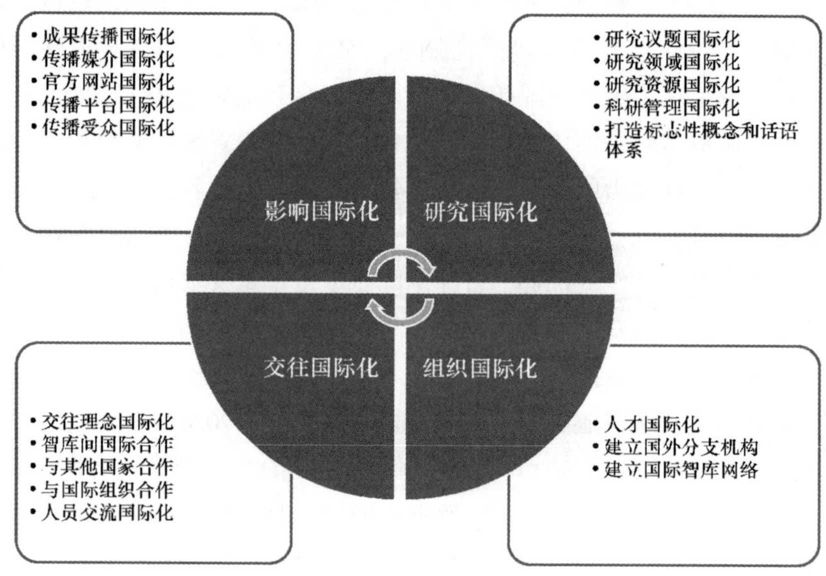

图 8.4 智库国际化内涵及构成

资料来源：笔者结合相关文献绘制。

公共外交是智库的重要职能之一。有研究指出，智库间接代表母国，尤其是政府外交陷入僵局的时候，为双方沟通提供有益补充，助推政府外交（周慎等，2020）。当前研究也提出，智库在发挥对外宣传和服务外交工作中存在相应问题和不足。例如，智库国内发声多、国外落地少，尚未建立起一套符合自身特点的对外话语传播体系（王文，2021）。智库对全球传播的重要性认识不足，不认为智库是外交主体之一（周慎等，2020；庄雪娇，2021；李刚，2018）。其中，智库评价体系和机制也是致使智库国际化不足的重要原因（庄雪娇，2021）。有研究指出，智库更重视政策影响力，不利于智库全球传播能力的提升，为推进智库国际化建设，应当将国际影响力作为智库考核的一项重要指标（李刚，2018）。因而，应从根本上培育智库国际化文化、环境和思维，将智库国际化建设和国际影响力作为智库考核指标。在传播途径上，也存在一些技术层面的约束因素，如国际传播网络技术限制多（庄雪娇，2021）、缺乏具有全球传播力的平台（李刚，2018）等。有研究从实践和政策建议角度，提出智库应嵌入国际公共政策网络，参与全球治理，积极同国际组织合作；在国际组织平台上发表意见，传播思想，是中国智库国际化的一个重要实践和路径（任晓波，2020；朱旭峰、礼若竹，2012；王辉耀，2014）。

智库与国际组织合作有助于开拓新的国际传播途径，助力国家参与国际发展合作和全球治理。国际组织重视知识分享和多元伙伴关系的两大趋势，为加强智库与国际组织合作提供了契机。除前述国际组织出台的知识管理战略，国际组织重视多元伙伴关系的趋势，也为加强智库与国际组织合作提供了机遇。当今全球可持续发展议程涉及经济、社会、环境、科技等领域，有赖于多元伙伴关系。如今国际发展合作的参与方已不局限于成员国政府，国际组织也越来越重视与智库、民间组织、私营部门等多元主体和相关方的合作，多元伙伴关系的构建本身也是一个发展目标[①]。联合国第 17 项可持续发展目标，即“伙伴关系搭建”包含一个子目标“强化全球伙伴关系、发挥多元利益攸关方的作用，动员知识、专家、技术和资金资源，通过多方着力，实现可持续发展目标，特别是在发展中国家”[②]。应开展与国际组织的深入、务实合作，增强与国际组织合作的意识和能力，支持不同部门与国际组织开拓合作。

新的时代背景和国际环境下，智库与国际组织开展务实合作，通过多边主义平台讲好中国故事大有可为。智库与国际组织合作的定位和目标是，讲好中国故事和提升国际话语权，应发挥大国智库引领作用，开展具有主导性、引领性的合作，抓大放小。加强智库与国际组织合作的

① 联合国网站，https://sdgs.un.org/goals/goal17。

② 联合国网站，https://sdgs.un.org/goals/goal17。

切入点包括以下几方面。

第一，智库与国际组织建立合作伙伴关系，是提升国际话语权的渠道之一。当前，智库与国际组织的合作并没有系统性展开，有广泛的合作空间和需求。智库应当及时适应新的国内外环境和需求，有积极开拓的国际合作精神，主动与国际组织建立联系、建立机制化的合作；还应加强相关政府部门与智库的协调，尤其是发挥联合国机构的成员国政府对口单位的桥梁作用。通过多途径，推动智库与国际组织建立正式的战略合作伙伴关系，建立长期、机制化的合作，用好多边机制和研究资源来讲好中国故事，为全球可持续发展贡献中国方案。应熟知和对接国际组织的知识管理战略、机构的中长期发展规划，结合国际组织的实际需求和优先战略领域，如脱贫、数字化、气候变化等，开展多边合作。建立长期和机制化的合作，并通过定期吹风会的形式，掌握新动向、热点和优先议题，结合需求，有的放矢地开展合作。

第二，“讲好中国故事”是具体实践，是提升国际话语权的基础，应发挥国际组织的平台作用，分享、传播中国的发展经验、治理经验和中国方案。通过传统出版物、数字化知识分享平台的经验分享、合作产生新产品等多途径落实“讲好中国故事”。通过与国际组织合作，在国际组织的平台上，分享治理经验和中国方案，会有更大的国际影响力、传播力，也更容易被国际社会所接受。对于智库而言，对外学术交流不仅局限于与国外大学、科研机构的交流，通过国际组织开展的交流和分享，有更大的受众面和合作平台，尤其是借助数字化新载体和相应的社交平台，推广宣传中国故事。讲好中国故事既要脚踏实地分享，也要善于宣传和造势。在关键的时间节点，举办相应的活动、会议，将有效助力讲好中国故事。通过与国际组织联合举办活动引起更多的国际关注，并进一步扩展合作关系和搭建国际合作伙伴网络。

第三，提升国际话语权是智库与国际组织合作的根本目的。探讨构建中国主导的全球发展知识平台、参与和主导全球智库网络建设等，是助力提升国家和智库国际话语权的两个重要途径。首先，在多平台、多途径、全面立体地开展知识分享和讲好中国故事的同时，应积极探索打造中国主导的全球发展知识分享平台。将全球发展知识和经验分享作为支持“全球发展倡议”的重要一环，并以新倡议为契机，打造包容性的中国全球发展知识分享平台，容纳他国和国际组织分享各自的发展经验和做法，从而真正、长远地掌握国际话语权。其次，通过搭建和主导相应的全球智库网络，加强智库的国际化，发挥智库的引领作用。智库国际网络建设对于智库组织形态国际化，以及网络关系国际化具有重要意义（朱旭峰、礼若竹，2012）。但当前地区性智库网络居多（丁明磊，2017；王辉耀，2014；任福兵、李玲玲，2017）。建立智库国际网络的挑战在于，国别智库难以具备相应的凝聚力、公信力，一个有效的解决方法是与国际组织合作，通过国际组织的背书建立智库网络。例如，2017 年，在联合国相关机构倡议下，“全球南南智库网络”正式启动，为资助研究、推广智库研究成果、推动发展中国家智库参与全球治理，搭建了一个重要平台①。

第四节　全球数字治理

根据全球治理理论，“全球治理”指政府间关系和治理过程，不仅包括政府、政府间组织，也包括非政府组织、市民社会和运动、跨国公司、学术界和媒体等多方参与，以管理和应对共同的问题和挑战；全球治理是一个持续演进的过程，通过全球治理，相互冲突的、多元的利益以协调合作行动得以解决②。

数字化正在成为全球治理的重要领域和议题。数字化相关的三方面问题和风险尤为呼吁加强全球数字治理。一是技术层面与数字化直接相关的网络安全、信息安全等方面的治理。2012 年，“网络攻击”首次被纳入五大安全风险之一；2014 年“网络攻击”再次进入全球五大安全风险排名榜；2017 年“大规模数据欺诈及盗窃”被纳入五大安全风险

① 联合国南南合作办公室网站，https://www.unsouthsouth.org/our-work/knowledge-and-advisory-services/south-south-cooperation-global-thinkers-initiative/。

② 《天涯成比邻：全球治理委员会报告》，全球治理委员会网站，https://www.gdrc.org/u-gov/global-neighbourhood/chap1.htm。

之第五位；2018 年，两项与数字化相关的风险首次被同时纳入全球高发风险，“网络攻击”“数据欺诈及盗窃”分别位居全球五大安全风险之第三位和第四位（World Economic Forum，2018）。网络安全、信息和数据安全需要加强全球合作和共同治理。二是网络犯罪、网络空间安全风险及向现实社会的蔓延风险，需加强全球数字治理。暴力极端主义和恐怖主义的网络传播、网络骚扰、人权、网络犯罪等，不仅带来经济损失、威胁社会稳定，也削弱公众对于科技和数字化的信心（World Economic Forum，2020）。网络空间安全风险具有全球性、即时性、传播速度快、影响范围广等特点，并容易失控或发展演变为示威、抗议和冲突等安全事件。三是垄断、不平等等经济社会问题需要加强规制和全球治理。数字权力的聚集和数字化不平等也是全球高发风险（World Economic Forum，2021）。相关国际合作倡议呼吁，国际社会应探讨定价基线和规制（World Bank，2016；UNDP，2020）。

2021 年 4 月 27 日，时任联合国大会主席组织召开的“数字合作与联通高级别专题辩论：全社会动员消除数字鸿沟”会议提出，加强“全球数字治理”（Global Digital Governance），共同应对数字化进程中的问题和数字化的负面效应①。反垄断、规范数字化的运用、数据安全保护、网络虚假信息、网络犯罪、暴力极端主义和恐怖主义的网络传播、网络骚扰等问题，均需要加强全球数字治理。数字化领域的全球治理在达成一致意见方面尤为缓慢，各国数字化议程和进程差异、政策环境差异、战略发展方向差异等因素，使得全球数字合作和数字治理缺乏有效的统筹协调。全球数字治理和规制标准的制定中，尤为体现不同国家的理念差异。全球数字治理的过程也体现了不同治理理念和治理模式之间的较量。有研究指出，网络安全是大国战略竞争的重点领域，目前有两种不同的战略选择：“一是以美国及其部分盟友为代表，积极发展进攻性网络力量，并开展网络威慑战略的行动，追求网络领域的绝对安全；另一种是以中国、俄罗斯为代表，积极防御维护网络安全的战略”

① General Assembly of the United Nations，High-level Thematic Debate on Digital Cooperation and Connectivity，27 April，2021，https://www.un.org/pga/75/digital-cooperation-and-connectivity/.

（马忠法、胡玲，2020）。作为积极参与全球治理体系改革和建设的一部分，中国应积极参与全球数字治理，提升数字化议程设置能力和话语权，追求互利共赢，避免被动。

当前，中国提出了相应的全球数字治理理念和方案。2015 年，国家主席习近平在第二届世界互联网大会提出"四项原则""五点主张"，倡导尊重网络主权，推动构建网络空间命运共同体，为全球互联网发展治理贡献中国智慧、中国方案①。2020 年 9 月 8 日，"抓住数字机遇，共谋合作发展"国际研讨会在京举行，国务委员兼外长王毅在会上提出《全球数据安全倡议》②。

2020 年 11 月世界互联网大会组委会发布《携手构建网络空间命运共同体行动倡议》，秉持"发展共同推进、安全共同维护、治理共同参与、成果共同分享"的理念，提出二十项行动倡议，包括提升互联网接入水平，促进互联互通；推进信息基础设施建设；促进数字产业融合与经济转型升级；共享电子商务发展红利；让中小微企业更多从数字经济发展中分享机遇等③。

全球治理不仅包括通过正式的机构和机制来执行的治理，也包括非正式的、松散的机制。全球治理是宽泛和复杂的互动决策过程，并且随着时代和环境的变化而发展演进。本节以二十国集团（G20）数字经济部长会议机制为例，分析全球数字治理的探索。之所以选取该机制是由于，目前尚未形成固定、长期的全球数字治理机制，而 G20 对数字经济和数字化高度关注。自 2017 年 4 月，G20 首次围绕数字经济召开部长会议，至 2021 年，共举办 5 次数字化、数字经济部长级会议，形成相对稳定的政府间对

---

① 中华人民共和国国家互联网信息办公室，《世界互联网大会组委会发布〈携手构建网络空间命运共同体行动倡议〉》，http://www.cac.gov.cn/2020-11/18/c_1607269080744230.htm。

② 《全球数据安全倡议》（2020 年 9 月 8 日发布），中华人民共和国外交部网站，https://www.fmprc.gov.cn/web/wjbzhd/t1812949.shtml；"抓住数字机遇，共谋合作发展"国际研讨会在京举行，http://russiaembassy.fmprc.gov.cn/web/wjbxw_673019/t1814124.shtml。

③ 中华人民共和国国家互联网信息办公室，《世界互联网大会组委会发布〈携手构建网络空间命运共同体行动倡议〉》，http://www.cac.gov.cn/2020-11/18/c_1607269080744230.htm。

话机制。每一轮部长会议形成相应的会议成果文件，在推动达成数字合作共同原则、数字治理共识、界定关键领域等方面，发挥着重要作用，也敦促国际社会，尤其是G20成员方在数字经济领域的协调合作。

G20机制于1999年成立，由中国、美国、欧盟、德国、法国、俄罗斯等20方构成。G20作为特殊的国际经济合作机制和论坛，在全球治理中发挥着重要作用，也为推动全球治理机制的改革和建设带来了新动力。在组织设置上，G20机制下，2017年成立数字经济专务组（Digital Economy Task Force，DETF），并基于2018年的G20数字经济部长宣言，数字经济专案组重点聚焦四个政策领域的对话：缩小数字化性别鸿沟、加快数字化基础设施建设促增长、G20数字化政府及治理原则、测量数字经济①。G20将数字经济界定为一系列宽泛的活动，包括将知识和信息用作生产要素，将信息网络用作行动平台，以及通过信息和通信技术（ICT）促进经济增长。

2016年，中国举办G20峰会，形成《二十国集团新工业革命行动计划》（*G20 New Industrial Revolution Action Plan*）和《二十国集团数字经济发展与合作倡议》（*G20 Digital Economy Development and Cooperation Initiative*）等成果文件，就有关框架和成果要素达成原则共识。《二十国集团新工业革命行动计划》提议的共同行动包括：研究合作；发挥中小微企业作用；就业与劳动力技能提升；制定国际标准方面的合作；发展新的工业基础设施；知识产权保护；推动发展中国家的工业化②。《二十国集团数字经济发展与合作倡议》提出，在全球经济数字化的世界，G20达成一系列推动数字经济发展和合作的共同原则，包括创新、伙伴关系搭建、发挥协同作用、灵活性和包容性、开放的和有利的商业环境、信任与安全基础上的信息自由流动。主要合作领域包括：技术和基础设施领域的合作，如普及宽带连接和提升宽带连接质量、加强信息通信技术部门的投资、支持创业和数字化转型、鼓励电商合作、增强数字包容性、推动中小微企业的发展和运用信息通信技术提升竞争力；提供政策支持；知

① 二十国集团网站，https://g20digitalrepo.org/detf/。

② http://www.g20chn.org/English/Documents/Current/201609/P020160908738867573193.pdf.

识产权保护；尊重独立发展道路基础上推动合作；数字经济决策过程的透明度；支持形成并推广使用国际标准；增强信任等 17 项行动领域①。

自 2017 年 4 月，G20 首次围绕数字经济召开部长会议，至 2021 年，共举办 5 次部长会议，历年会议共识宣言和主要内容，如表 8.2 所示。2017 年，G20 首次数字经济部长会议的主题是“如何使数字化对经济的贡献最大化”，会议达成共识，认为数字经济是全球包容性经济增长越来越重要的动力，在加快经济发展、增强产业生产力、开创新市场和实现包容性增长和发展方面，发挥着重要作用。会议还在全球数字化（Global Digitalization）、生产数字化（Digitizing Production for Growth）、增强数字化世界的信任（Strengthening Trust in the Digital World）等方面，达成会议共识②。会议倡议，各方共同努力致力于到 2025 年实现全球所有人都能使用互联网，会议还提出“更快的网速，更完备的网络基础设施，更好的数字化教育，工业 4.0 的应用、网络安全和自动驾驶等领域的数字化国际标准，是 G20 成员方未来期望达到的目标”③。

2021 年 8 月 5 日，在意大利的里雅斯特（Trieste）召开的最新一届二十国集团数字部长会议通过《二十国集团数字部长宣言》，聚焦数字经济、数字化政府与治理两个领域，提出 12 项数字化转型的行动领域（见表 8.2）。

表 8.2　**二十国集团（G20）数字化部长会议机制及共识**

会议宣言	会议主题及领域	数字化转型的行动领域
《二十国集团数字部长宣言》（2021）意大利的里雅斯特	“数字化促进韧性、强劲、可持续和包容性复苏”两大领域：数字经济、数字化政府与治理	生产数字化转型；人工智能促进中小微企业的包容性和初创企业的推广；数字经济的测量、实践与影响；提升消费者数字经济意识；保护儿童与数字环境下的赋权；创新、智能城市与社区建设；网络联通与社会包容；数据自由流动；公共服务的数字化工具及推广；数字化身份证；灵活监管

① https://www.mofa.go.jp/files/000185874.pdf.

② 联合国贸发会网站，https://unctad.org/system/files/non-official-document/dtl_eWeek2017c02-G20_en.pdf。

③ 新华网，http://www.xinhuanet.com/world/2017-04/08/c_1120772827.htm。

续表

会议时间及宣言	会议主题及领域	数字化转型的行动领域
《二十国集团数字部长会议宣言》(2020) 线上	运用数字技术加快新冠肺炎疫情相关研究，增强商业活动灵活性和创造就业机会，推动全球经济复苏	人工智能建设、基于信任基础的数据自由流动和跨境数据流动、智能城市建设、数字经济测量、数字经济的安全
《二十国集团贸易和数字经济部长宣言》(2019) 日本筑波	数字经济	以人为中心的未来社会、数据自由流动、以人为中心的人工智能、治理创新、数字经济安全建设、可持续发展议程与包容性
《二十国集团数字经济部长宣言》(2018) 阿根廷萨尔塔	为了发展的数字化议程	政府间合作原则、缩小数字性别鸿沟、数字经济测量、加快数字基础设施建设、新兴数字科技、数字化背景下的企业与中小微企业发展、数字化与就业的未来、消费者保护
《为相互连接的世界塑造数字化宣言》(2017) 德国杜塞尔多夫	如何使数字化对经济的贡献最大化	全球数字化，发挥数字化助推包容性增长和就业的潜力；生产数字化；增强数字化世界的信任
《二十国集团新工业革命行动计划》(2016) 北京	二十国集团新工业革命行动计划	研究合作（举办新工业革命相关的会议和专题研讨会；鼓励企业和相关机构开展相应的研发；关于社会规范、道义等方面的评估）；发挥中小微企业作用；就业与劳动力技能提升；国际标准合作；新的工业基础设施；知识产权保护；发展中国家的工业化

资料来源：二十国集团网站、中华人民共和国工业和信息化部网站、新华网、联合国贸发会网站、加拿大多伦多大学二十国集团研究组（G20 Research Group）–G20 信息中心。

第五节　小结

与国际组织开展深度务实合作，是中国参与、支持和推动多边国际发展合作的重要途径，也是积极参与全球治理和相应的治理体系改革和建设的一部分。未来应进一步加强与国际组织的合作，对接相应的发展战略，增强中国多边国际发展合作的能力和影响力。数字化是近年来国际发展合作的重要领域和发展趋势，国际组织纷纷出台了专门的数字化战略、数字合作倡议，相应的机构中长期战略规划在战略发展方向上，也高度重视数字化转型和数字化解决方案。新时代开展数字化领域的双多边国际发展合作，应重点加强与国际组织的合作，通过对接专项的数字化战略、数字合作倡议和数字化方案，提出中国的数字化议程。本章分别从国际组织数字化战略精准对接、国际发展合作基金创新管理和运营、国际组织知识管理和分享战略、全球数字治理四个方面，论述通过与国际组织合作推动数字合作的切入点和路径。

第一，国际组织提出的数字化战略、数字合作倡议与机构中长期战略规划中的数字化转型规划，是与国际组织开展合作以及通过国际组织实施数字化多边国际发展合作的直接切入点。第二，研究探讨成立“中国数字化国际发展合作基金”。近年来，中国、印度、巴西、南非等新兴发展中国家在对外援助和多边国际发展合作中，一个共同的举措是与国际组织合作，设立信托基金，如印度—联合国发展伙伴关系基金、印度巴西和南非基金等。中国也与联合国、世界银行等合作，设立了多项国际发展合作基金，如中国—联合国和平与发展基金、中国—世界银行伙伴关系基金、中国—联合国教科文组织信托基金等，取得了较好的效果和国际影响力。建议探索成立数字化专项国际发展合作基金，并创新基金管理和运营模式，通过与国际组织共管、共建、共决策的模式，增强国家在基金立项和管理等方面的决策权、话语权和主动权，同时发挥国际组织的项目执行优势和宣传优势，降低项目执行成本和风险，提高效率和开展有效宣传。第三，未来应进一步挖掘开拓知识和经验分享的潜力，对接国际组织的知识管理战略和业务，分享传播中国可持续发展方面的经验、知识和优秀实践做法。知识和经验分享是增强能力建设的重要组成部分，同时，建立和强化智库与国际组织的合作，也是开拓新的国际传播途径，助力讲好中国故事的重要举措。应加强知识和经验分享，促进智库与国际组织建立合作伙伴关系，发挥智库和专家的作用，用知识讲好中国故事。第四，应积极参与全球数字治理，探讨如何发挥数字化对发展的积极效应、缩小数字鸿沟以及解决和应对数字化进程中的问题和负面效应。

第九章

地区数字化战略及对接

数字化正在成为地区层面的重要议程，欧洲、亚洲、非洲等地区政府间组织出台了一系列数字化转型战略、倡议和中远期发展规划。例如，欧盟提出的“打造欧洲的数字化未来”战略（2019—2024 年）、欧盟数字化十年战略（2030 年）；非盟“非洲数字化转型战略”（2020—2030 年）；东盟提出的“数字化东盟倡议”，亚洲开发银行和亚洲基础设施投资银行也纷纷提出数字化战略；阿拉伯国家成立的阿拉伯数字经济联盟等。地区层面数字化战略的出台与数字化国际发展合作存在密切联系。一方面体现了地区层面对数字化的重视，为数字化国际发展合作提供了地区层面的驱动力；另一方面，全球层面数字化国际发展合作趋势以及对数字合作的重视，进一步推动区域层面对数字化的关注和数字化的深化发展。同时，地区层面的动向表明，数字化正在成为区域一体化建设的重要抓手和目标。这既反映出数字化的重要性，也表明数字化正在成为区域层面以及地区与外界合作的重要领域。亚洲、非洲等发展中国家和地区推出的数字化转型战略，蕴藏着重要机遇和合作需求，尤其在基础设施、网络联通、数字经济、新兴科技等方面，区域市场将更加开放。

第一节　欧盟数字化战略

自 2014 年以来，欧盟委员会通过了《非个人数据自由流通规制》

（*Regulation on the Free Flow of Non-personal Data*）、《网络安全法》（*Cybersecurity Act*）、《开放数据指令》（*Open Data Directive*）、《数据保护规制》（*General Data Protection Regulation*）等系列法案和政策文件；2018年，欧盟委员会首次提出人工智能战略[①]。欧盟委员会2019年提出2019—2024年“欧盟委员会六大优先议程”，第二条便是“适应数字化时代的欧洲”，通过欧盟的数字化战略赋权人们以新一代的科技。欧盟提出“打造欧洲的数字化未来”（Shaping Europe's Digital Future），旨在使数字化转型服务于欧洲公民、企业发展和环境治理，加强欧洲数字化主权，设定并推广欧洲的数字化标准。该战略侧重数据、技术和基础设施三方面，并提出人工智能、数字服务法、欧洲数据战略、网络安全、欧洲产业战略、数字技能、高性能计算、网络联通、数字市场方案、欧洲数字化身份证十个领域的行动方案[②]。欧盟数字化战略的三大战略支柱包括，发展数字科技、发展公平和有竞争力的数字经济、建设开放民主和可持续的数字化社会，具体领域如表9.1所示[③]。欧盟还提出“数字经济和社会指数”（Digital Economy and Society Index，DESI）作为评估欧洲发展的指标，主要测量数字联通、人力资本、互联网使用、数字科技整合、数字化公共服务等[④]。欧盟相关官员宣布，从2021年起，未来10年欧盟将重点资助和支持数字化领域的研究[⑤]。

2021年3月，欧盟进一步提出《欧洲的数字化十年——2030年数字目标》（*Europe's Digital Decade：Digital Targets for 2030*），提出以人为本、可持续和更加繁荣的数字未来为企业和人民赋能，通过多国协调项目，推动欧洲数字化，提出每个欧盟成员国应当将20%的恢复和弹性

---

① “适应数字化时代的欧洲”（A Europe Fit for the Digital Age），欧盟委员会网站，https://ec.europa.eu/info/strategy/priorities-2019-2024/europe-fit-digital-age_en。

② “适应数字化时代的欧洲”（A Europe Fit for the Digital Age），欧盟委员会网站，https://ec.europa.eu/info/strategy/priorities-2019-2024/europe-fit-digital-age_en。

③ 欧盟委员会网站，https://ec.europa.eu/info/strategy/priorities-2019-2024/europe-fit-digital-age/shaping-europe-digital-future_en#three-pillars-to-support-our-approach。

④ 欧盟委员会网站，https://ec.europa.eu/digital-single-market/en/desi。

⑤ Science | Business网站，https://sciencebusiness.net/framework-programmes/news/digital-revolution-will-underpin-next-eu-research-programme-says。

表 9.1　**欧盟数字化战略—打造欧洲的数字化未来（2019—2024 年）**

理念	目标	三大支柱及领域
把人放在第一位； 打开商业新机遇； 数字方案应对气候变化和实现绿色转型； 数字化服务于欧洲公民、企业、环境	欧盟成为数字经济全球榜样； 支持发展中经济体走向数字化； 制定并在国际上推广欧洲数字标准	**发展数字科技：** 投资所有欧洲人的数字技能； 保护个人免受网络攻击； 确保人工智能在保护人权的基础上发挥作用； 为欧盟家庭、学校和医院推出超高速宽带； 扩大欧洲超级计算能力，为医药、运输和环境开发创新解决方案
		发展公平和有竞争力的数字经济： 支持初创企业和小型企业、社区获得融资并扩大规模； 提出《数字服务法》加强在线平台的责任并明确在线服务规则； 确保欧盟规则适应数字经济； 确保欧洲所有公司的公平竞争； 保护数据安全的基础上提升获取高质量数据能力
		开放民主和可持续数字化社会： 借助新技术帮助欧洲到 2050 年实现气候中和； 减少数字行业碳排放； 保护数据； 创建欧洲健康数据空间； 打击网上虚假信息，实现多样化和可靠的媒体内容传播

资料来源：《打造欧洲的数字化未来》（Shaping Europe's Digital Future），欧盟委员会网站，https://ec. europa. eu/info/strategy/priorities – 2019 – 2024/europe – fit – digital – age/shaping – europe – digital – future_ en#three – pillars – to – support – our – approach。

基金用于数字化转型，并通过国际伙伴关系建设欧洲的数字化十年①。

① 《欧洲的数字化十年——2030 年数字目标》（Europe's Digital Decade：Digital Targets for 2030），欧盟委员会网站，https://ec. europa. eu/info/strategy/priorities – 2019 – 2024/europe – fit – digital – age/europes – digital – decade – digital – targets – 2030_ en。

欧洲的数字化十年战略，提出数字技能、企业数字化转型、安全和可持续数字基础设施、公共服务数字化四个数字化战略支柱，并提出具体行动领域，如表 9.2 所示。

表 9.2 **欧洲的数字化十年战略（2030 年）**

理念	目标	四大支柱及领域
以人为本、可持续的数字化	数字未来为企业和人民赋能	**技能：** 培育 2000 万以上的信息通信技术领域专家； 普及基本数字技能，实现至少 80% 的人口掌握基本数字技能
		企业数字化转型： 实现 75% 的欧盟公司使用云/人工智能/大数据； 扩大创新型企业规模和融资，使欧盟大型独角兽企业数量翻倍； 超过 90% 的中小企业至少达到数字化基本水平
		安全和可持续数字基础设施： 网络联通，实现人人千兆，普及 5G； 尖端半导体，实现欧盟在全球生产份额翻倍； 云数据平台
		公共服务数字化： 实现关键领域的公共服务 100% 数字化； 实现数字健康，100% 的公民可获得数字医疗记录； 数字身份证：实现 80% 公民使用数字身份证

资料来源：《欧洲的数字化十年——2030 年数字目标》（Europe's Digital Decade：Digital Targets for 2030），欧盟委员会网站，https://ec. europa. eu/info/strategy/priorities - 2019 - 2024/europe - fit - digital - age/europes - digital - decade - digital - targets - 2030_ en。

综合分析欧洲的数字化战略，欧洲的数字化呈现以下特征。一是欧洲作为发达经济体为主的地区，其数字化战略更为注重发展和普及高端数字科技，并培育支持大型数字经济企业。如表 9.2 所示，欧盟数字化十年战略提出普及5G，扩大企业规模和融资，使大型“独角兽企业”数量翻倍，并在6G、量子等领域，发展和扩展伙伴关系，与欧盟成员国、私营部门、国际金融机构等开展合作。二是欧洲侧重人、企业发展和环境三方面的数字化服务领域和目标，这体现在《打造欧洲的数字化未来》和《欧洲的数字化十年——2030年数字目标》两项战略中。三是欧洲注重制定和推广欧洲的数字标准，并通过全球治理和对外数字合作，明确提出不追随其他标准，推广欧洲的数字化标准，这也反映出数字化成为全球治理的重要领域和高度政治化的领域。通过数字化，欧盟在重塑和追求成为全球经济和全球治理的领导者，提出欧盟致力于成为数字经济全球榜样、支持发展中国家和经济走向数字化、发展欧洲的数字标准并向国际推广（见表9.1）。四是在以人为本的理念下，推动数字化，“把人放在第一位”既是欧洲数字化转型的理念支持，也是重要的宣传工具和推广欧洲数字标准的理念支持。

第二节　非盟数字化战略及非洲数字短板

非洲高度重视数字化转型，非盟先后出台了一系列与数字化相关的政策和规制倡议、发展项目、数字化战略等。尤其是《非洲数字化转型战略（2020—2030年）》的提出，反映出非洲对数字化的战略重视和长期规划。如前述章节所论述，非洲是数字化领域国际发展合作的重点，国际组织出台的相应数字化战略和数字合作倡议中，有一些专门面向和支持非洲，如世界银行提出的“数字经济非洲倡议”、联合国非洲经济委员会与非盟委员会共同启动“非洲身份证数字化、电子商务和数字经济倡议”。同时，非洲也是西方发达国家数字化对外援助的重点援助区域和对象。例如，欧盟在2020年3月提议的支持《非洲2063年议程》的伙伴关系倡议中，聚焦五个领域的欧洲与非洲合作，其中就包括非洲的数字化转型，并将重点支持对非洲数字经济和电信领域的投资与合作（European Investment Bank，2021）。国际组织和西方发达国家对非洲数字化的关注，主要源于非洲数字鸿沟以及非洲的数字合作需求较大。基于中非关系的战略重要性，区域层面，应尤为重视非洲的数字化进程、数字合作需求和数字化战略对接，加强中非数字合作的研究布局。

一 非洲数字化战略

2020 年 5 月，非盟提出《非洲数字化转型战略（2020—2030 年)》，整合了原有的“数字化非洲政策和规制倡议”（PRIDA）、“非洲基础设施发展项目”（PIDA）、“非洲大陆自由贸易区”（AfCFTA），将建设数字化社会作为非洲的战略目标，这意味着未来十年数字化都是非洲重要的区域发展议程。如表 9. 3 所示，非洲数字化转型战略的目标是，2030 年建成非洲数字化市场、普及互联网、创造和谐的投资和金融环境以缩小数字化基础设施差距、发展数字经济、建设数字化法律政策和规制、培育数字技能和增强人力资本①。“非洲数字化转型战略”由“支柱”“关键部门”和“主要议题”三方面构成。“支柱”包括建设有利的数字化政策和规制环境、建设数字化基础设施、增强数字技能和人力资本、推动数字化创新和创业；“关键部门”包括工业、贸易、金融服务、政府治理、教育、健康、农业；“主要议题”包括数字化运用、数字化身份证、新兴科技、网络安全、隐私和个人数据保护、研究和发展。中非数字合作中，应加强与非盟层面的数字合作对接，尤其是在数字化转型战略和发展规划等方面的对接。非洲数字化转型十年战略的出台和实施意味着，非洲网络联通、基础设施建设、数字经济市场将更加开放，数字化将成为非洲与外界合作的重要战略领域。

表 9. 3 **非洲数字化转型战略目标及领域**

目标	战略支柱	主要部门	主要议程
建设数字化市场	数字化环境	数字化工业	数字化应用

① 《非洲数字化转型战略（2020—2030 年）》（*The Digital Transformation Strategy for Africa, 2020 - 2030*），https://au. int/sites/default/files/documents/38507 - doc - dts - english. pdf。

续表

目标	战略支柱	主要部门	主要议程
普及和支付得起的互联网	政策和规制建设	数字化贸易和金融服务	数字化个人身份证
缩小数字基础设施差距	数字化基础设施建设	数字治理	新兴科技
发展数字经济	数字技能和人力资本提升	数字化教育	网络安全
制定政策和法律法规	数字化创新和创业	数字化健康	隐私和个人数据保护
—	—	数字化农业	数字化研发

资料来源：非盟，《非洲数字化转型战略（2020—2030 年）》（*The Digital Transformation Strategy for Africa*，*2020 – 2030*），https://au. int/sites/default/files/documents/38507 – doc – dts – english. pdf。

《非洲 2063 年议程》中的 15 项旗舰项目，有三项与数字化直接相关，如表 9. 4 所示。一是“泛非洲数字网络”，旨在制定数字政策和战略，从而在非洲实现全面的、变革性的数字化应用和数字化服务；尤其是非洲建设宽带基础设施、网络安全，将非洲转变为数字化社会。二是“建设非洲网络虚拟和数字化大学”，通过数字信息技术覆盖不同地点的学生和教职工，以提升高等教育和继续教育的普及性。三是“网络安全建设”，在发挥数字红利的同时，确保个人数据安全和网络安全①。国家层面，一些非洲国家也出台了相应的数字化战略。例如，肯尼亚提出“数字经济蓝图”（Digital Economy Blueprint），包括五大支柱：数字政府（Digital Government）、数字商业（Digital Business）、基础设施（Infrastructure）、创新驱动型企业家精神（Innovation-driven Entrepreneurship）、数字技能与价值（Digital Skills and Values）②。此外，肯尼亚

① 非盟网站，https://au. int/en/agenda2063/goals。

② Unlocking the Digital Economy in Africa：Benchmarking the Digital Transformation Journey，https://digitalimpactalliance. org/wp – content/uploads/2020/10/SmartAfrica – DIAL_ DigitalEconomyInAfrica2020 – v7_ ENG. pdf.

政府出台支持国内宽带基础设施建设的政策，尼日利亚提出优先支持发展数字经济等（李康平、段威，2021）。

表 9.4 《非洲 2063 年议程》数字化相关议程

战略	目标	旗舰项目
基于包容性和可持续发展打造繁荣富裕的非洲	提升公民受教育水平和技能水平，实施以科学技术和创新为基础的技能革命	泛非洲数字网络：制定数字政策和战略，在非洲实现全面的、变革性的数字化应用和服务；提升非洲宽带基础设施、网络安全，将非洲转变为数字化社会
	经济转型，发展科技创新驱动的制造业，工业化和增值	网络虚拟大学：通过信息通信技术项目提升非洲高等教育和继续教育的普及性，使得更多的非洲学生和职业人在多地点同时接受教育
		网络安全建设：在《非洲联盟网络安全和个人数据保护公约》下，实施网络安全建设项目，提升个人数据安全和网络安全，在非洲的发展规划中纳入数字化和新兴科技，在个人、机构和国家三层面实现数字化

资料来源：非盟，《非洲 2063 年议程》，https://au.int/en/agenda2063/goals。

二 非洲数字短板

近年来，非洲数字化发展迅速，移动通信网络和智能手机快速普及，年轻用户群体通信需求快速增加，电子商务和移动支付快速发展，尼日利亚、埃及、肯尼亚、南非等电子商务发展较快，当地电商平台发展迅速，大型电子商务公司，如 Jumia，提供的业务覆盖多个非洲国家（黄玉沛，2019；李康平、段威，2021）。尤其是线上支付的快速发展和广泛使用，推动了电子商务等数字经济业态的兴起，肯尼亚、乌干达、尼日利亚、南非等国的移动支付渗透率跃居全球前列（李康平、段威，2021）。此外，非洲依然是全球数字短板，非洲的数字合作需求也源于其数字鸿沟，非洲网络联通率明显低于世界平均水平。数字化基础设施薄弱、家庭通电率低、互联网价格高昂、垄断等因素，制约着非洲的网络联通。在数字技能、数字化运用、数字经济、电子政务、反垄断等法律制度建设方面，非洲也存在明显的数字短板和治理需求。

非洲的数字鸿沟尤为表现在以下方面。一是非洲网络联通率明显低于世界平均水平。据国际组织的不同统计口径，非洲拥有宽带互联网的人口占比为28.2%—39.3%，而全球平均占比为53.6%—58.8%[①]。与宽带连接相比，在非洲使用手机移动网络上网的比例更高。根据非盟、经济合作与发展组织2021年发布的《非洲发展动态》（*Africa's Development Dynamics*）报告，非洲使用手机上网的人达72%，但移动网络的普及水平依然远低于世界平均水平（AUC和OECD，2021）。以4G为例，据国际电信联盟的数据，非洲城市使用4G上网的人占比为77%，农村仅为22%；远低于全球城市平均水平（95%）和全球农村平均水平（71%）（AUC和OECD，2021）。但另一方面，非洲智能手机越来越普及，通过移动网络上网的人数也越来越多，为当地数字化、数字经济的发展创造了消费市场。有研究指出，随着廉价智能手机的普及，“非洲拥有全球范围内增长速度最快的智能手机市场……同时，非洲移动通信市场开发潜力逐步增大，移动信息通信基础设施条件明显改善，非洲年轻群体移动通信服务需求不断增加，诸多利好因素促使非洲成为全球智能手机用户增长最为明显的地区之一”（黄玉沛，2019）。另一方面，用电问题严重制约着非洲的网络联通能力。根据联合国开发计划署非洲地区局2021年2月的政策简报，用电问题制约着非洲互联网的普及，撒哈拉以南的非洲家庭通电率只有45%，近6亿人口无法用电，家庭通电率是全世界最低的[②]。互联网的普及具有重要的经济意义，国际电信联盟对非洲的研究发现，移动宽带普及率提高10%，人均GDP将增加2.5%。

---

① 《测量数字发展：2020年事实和数据》，国际电信联盟（ITU），https://www.itu.int/en/ITU-D/Statistics/Documents/facts/FactsFigures2020.pdf；《测量数字发展：2019年事实和数据》，国际电信联盟（ITU），https://itu.foleon.com/itu/measuring-digital-development/home/。

② 联合国开发计划署非洲地区局，2021年2月《COVID-19政策简报——COVID-19公平数字化：不让一个人落下》，https://www.africa.undp.org/content/rba/en/home/library/issue-briefs/covid-19-digitalization-with-equity--leaving-no-one-behind.html。

二是非洲的数字技能水平较低。前述联合国开发计划署非洲地区局的政策简报指出，由于技能不足，非洲每年有1100万青年无法进入劳动力市场；学校的信息技术教育严重滞后，在冈比亚，平均277名学生共用一台电脑[①]。技能因素也制约着数字红利在非洲的实现，联合国贸发会2019年的报告指出，数字技能不足是制约通过数字化创业的最大障碍（UNCTAD，2019）。发展能力建设是国际发展合作的一个重要目标，也符合中国在对外援助中一贯强调的“授人以渔”原则。数字化能力建设、技能培训和经验分享等领域的中非数字合作，具有较大的合作空间和潜力。

三是非洲的数字化运用程度低，尤其是数字经济和电子政务方面。近几年，非洲电子商务发展较为迅速，根据联合国非洲经济委员会的数据，非洲的电子商务每年平均增长速度为40%[②]。然而，整体上，非洲国家在借力数字化推动经济发展方面依然较为滞后，联合国贸发会2019年的报告表明，在最不发达国家，小企业所有者普遍缺乏使用数字联通开展业务的意识和能力，数字红利远未体现出来（UNCTAD，2019）。非洲在政府治理领域数字化运用程度低，尤其是非洲国家居民身份证的数字化管理普及度较低。据世界银行的统计，非洲大陆近一半的人没有合法的身份证，缺乏身份证意味着非洲有一半的人口无法参与正规的生产经营性活动和就业，而且无法获得相应的公共服务来改善其福祉，维护其权利，包括公民权[③]。联合国非洲经济委员会认为，除了对个人身份证管理的重要性的意识不强，数字基础设施和数字服务滞后，阻碍着当地居民身份证的数字化管理[④]。

四是反垄断和保护数据安全等方面的法律制度建设滞后。世界银行的报告指出，高度垄断、不平等和控制等问题需要加强规制（World

① 联合国开发计划署非洲地区局，2021年2月《COVID－19政策简报——COVID－19公平数字化：不让一个人落下》，https://www.africa.undp.org/content/rba/en/home/library/issue－briefs/covid－19－digitalization－with－equity－－leaving－no－one－behind.html。

② 联合国非洲经济委员会（UNECA）网站，https://www.uneca.org/dite－africa。

③ 联合国非洲经济委员会（UNECA）网站，https://www.uneca.org/dite－africa/what－are－current－gaps－within－dite－africa。

④ 联合国非洲经济委员会（UNECA）网站，https://www.uneca.org/dite－africa/what－are－current－gaps－within－dite－africa。

Bank，2016）。以宽带安装为例，最不发达国家宽带安装费用过高，成为制约当地互联网普及的重要原因。根据世界银行的数据，截至2015年12月，在最不发达国家，宽带费用约占人均国民总收入（GNI）的17%，而全球平均占比仅为5%[①]。这一挑战至今仍然存在，在19个最不发达国家，宽带费用超过人均国民总收入的20%（UN，2020）。据联合国开发计划署非洲地区局2021年2月的政策简报，互联网的相对价格在非洲最高，访问1GB数据的费用是当地居民平均收入的8%，而在亚洲这一占比仅为1.5%[②]。相关国际合作倡议呼吁，国际社会应共同探讨互联网定价基线和规制，反垄断和数字化规制也是数字化领域国际发展合作的一个重要领域。

非洲的数字短板领域是中非数字合作的关键需求领域。《中非合作论坛——北京行动计划（2019—2021年）》提出在经济合作领域，尤其是基础设施建设方面的中非合作行动计划，其中多项行动计划与数字化相关，包括分享信息通信发展经验，探讨和促进云计算、大数据、移动互联网等新技术应用，通信基础设施建设、运营、服务等，加强中非在国际组织中的合作，建设创新中心，开展信息通信技术政策和方针方面的战略咨询等[③]。但另一方面，阻碍非洲数字化以及中非数字合作的因

① 世界银行网站，数据更新时间为2019年4月8日，https://www.worldbank.org/en/topic/digitaldevelopment/overview。

② 联合国开发计划署非洲地区局，2021年2月《COVID-19政策简报——COVID-19公平数字化：不让一个人落下》，https://www.africa.undp.org/content/rba/en/home/library/issue-briefs/covid-19-digitalization-with-equity--leaving-no-one-behind.html。

③ 中华人民共和国外交部网站，https://www.fmprc.gov.cn/web/zyxw/t1592067.shtml。根据《中非合作论坛——北京行动计划（2019—2021年）》，“双方认识到信息通信技术对经济社会发展发挥着战略性和全局性影响，将加强主管部门交流合作，分享信息通信发展经验，共同把握数字经济发展机遇，鼓励企业在信息通信基础设施、互联网、数字经济等领域开展合作；双方将积极探讨和促进云计算、大数据、移动互联网等新技术应用，中方愿支持非洲国家建设‘智慧城市’，提升信息通信技术在维护社会治安、反恐和打击犯罪等方面的作用，与非方共同维护信息安全；双方鼓励和支持各自企业合作参与非洲国家光缆骨干网、跨境互联互通、国际海缆、新一代移动通信网络、数据中心等通信基础设施建设，并在相关基础设施建设、运营、服务等方面开展互利合作；双方愿加强在国际电信联盟等国际组织中的合作，促进在人员培训、网络互联互通、创新中心建设等方面的协作。双方愿就信息通信技术政策和发展开展战略咨询，共同努力缩小非洲数字鸿沟，推进非洲信息社会建设”。

素是多样的，包括当地基础设施差，缺乏相应的网络联通设施和服务，尤其是在农村和营地①；非洲的互联网价格高昂，垄断严重（World Bank，2016；UN，2020）；非洲数字技能水平低（UNCTAD，2019）；数字领域人才匮乏，创新能力不足（李康平、段威，2021）；当地人上网比例低，家庭通电率低等（AUC 和 OECD，2021）。中非数字合作还受传统的地缘政治等因素和风险的影响，包括政局动荡风险、当地货币贬值风险、债务违约风险、恐怖和安全风险、国际竞争风险（姚桂梅，2018）。

中非数字合作还面临一系列网络空间安全风险和法律保障缺失等挑战，如网络信用安全保障差、信息通信行业信用意识模糊、信用管理制度不健全、缺乏有效的法律保障和奖惩机制等问题（黄玉沛，2019）。网络安全风险和网络安全保障能力差是制约非洲数字化和中非数字合作的重要因素。非盟在加强网络安全建设和个人数据保护方面密切合作，并在制度保障方面取得重要进展。尤其是鉴于电子商务在非洲的发展推广中遇到的主要障碍和安全风险，非盟 2014 年通过，2020 年 5 月最后签署《非洲联盟网络安全和个人数据保护公约》（*African Union Convention on Cyber Security and Personal Data Protection*），为非洲网络安全、数据保护和营造合法良好的电商环境提供制度性框架和公约②。

随着“一带一路”进入“工笔画”阶段，共建“一带一路”需要精准化对接，重点是区域和国别层面发展战略和数字化战略的对接，这既要求实行双边层面精准化对接，也需要做好区域和国情研究，尤其是政治和社会稳定情况、国家发展战略及优先发展领域等方面的研究（贺文萍，2018）。中非合作不断深化的背景下，伴随非盟颁布实施《非洲数字化转型战略（2020—2030 年）》《非洲 2063 年议程》，数字合作成

① 联合国非洲经济委员会（UNECA）网站，https://www.uneca.org/dite-africa/what-are-challenges-dite-africa。

② 《非洲联盟网络安全和个人数据保护公约》（*African Union Convention on Cyber Security and Personal Data Protection*），非盟网站，https://au.int/sites/default/files/treaties/29560-treaty-0048_-_african_union_convention_on_cyber_security_and_personal_data_protection_e.pdf。

为中非合作的重要战略领域。依据表9.3和表9.4分别对“非洲数字化转型战略”和《非洲2063年议程》项目的梳理，以及结合非洲数字短板和数字合作的重点需求领域，中非数字合作在以下领域将具有重要的前景、需求和合作空间，分别是数字技能提升、借助数字化推动当地经济转型升级、数字战略和政策制定方面的政策对话和经验交流、数字联通基础设施建设、教育数字化、网络安全建设、发展数字经济、制定数字化相关的法律制度、数字化研发，以及数字化在工业、贸易、服务业、政府治理、教育、健康、农业等多领域的运用。

基于中非关系的战略重要性，应高度重视国际发展合作的数字化趋势，加强中非数字合作的研究布局。全球层面的数字化国际发展合作战略和倡议，以及非盟提出的非洲数字化转型战略，均为加强数字化领域的中非合作提供了重要机遇。结合非洲的数字化需求和短板，建议突出需求导向和能力建设，加强中非数字合作的战略布局，将数字化作为高质量共建“一带一路”和深化中非合作的新抓手。建议优先重视数字技能领域的中非合作，探索成立“中非数字学习中心”，通过与地区大学和机构合作，开展数字技能培训和中非数字化经验分享。数字化领域的知识和经验分享，既有助于改善当地数字技能短板，也更符合当前国际发展合作重视能力建设和经验分享的趋势，同时，也将助力讲好中国故事。数字基础设施领域的合作，应突破传统的基础设施援建模式，注重中非商贸、投资和技能输出的结合。

第三节　东盟数字化战略

一　东盟数字化议程

东盟提出了一系列数字化相关的政策框架和规划，包括《2025年东盟经济共同体蓝图》（*ASEAN Economic Community Blueprint 2025*）①、

① 《2025年东盟经济共同体蓝图》（*ASEAN Economic Community Blueprint 2025*），东盟网站，https://aseandse.org/wp-content/uploads/2021/02/AEC-Blueprint-2025-FINAL.pdf。

《东盟互联互通总体规划 2025》（*Masterplan on ASEAN Connectivity 2025*）[①]、《数字东盟框架协议》（*e-ASEAN Framework Agreement*）[②] 等。根据东盟 2015 年发布的《2025 年东盟经济共同体蓝图》，信息通信技术是东盟经济和社会转型的主要驱动力，信息通信技术设施和普及的网络联通将协调产生有利于推动贸易、投资和创业的良好的商业环境，因而，东盟把缩小地区数字差异和普及数字红利作为区域优先议程，发展数字赋能（Digitally-enabled）经济，借力信息通信技术打造创新、包容和一体化的东盟[③]。东盟 2016 年 8 月发布的《东盟互联互通总体规划 2025》，进一步提出可持续的基础设施、数字创新、无缝物流、监管规制、人的自由流动五大互联互通支柱[④]。其中，数字创新（Digital Innovation）是地区互联互通第二支柱，由四个战略目标构成：支持中小微企业应用数字科技、通过数字技术普及金融服务、数据开放使用、加强数据管理；相应的倡议包括，加强中小微企业技术平台建设、发展东盟数字金融包容性框架、建立东盟开放数据网络、建立东盟数据治理框架[⑤]。

如表 9.5 所示，结合当前东盟的数字化相关战略、倡议，尤其是中远期的发展规划，如《2025 年东盟经济共同体蓝图》《东盟互联互通总体规划 2025》等，东盟的区域数字合作需求和机遇表现在，电商、中小微企业数字化运用和推广、金融领域数字化、数据共享和管理、网络联通设施建设、智慧城市建设、劳动者数字技能培训、区域信息通信技术产品和服务市场一体化、网络空间安全和信息安全合作等。

---

① 《东盟互联互通总体规划 2025》（*Masterplan on ASEAN Connectivity 2025*），东盟网站，https://asean. org/wp - content/uploads/2016/09/Master - Plan - on - ASEAN - Connectivity - 20251. pdf。

② 《数字东盟框架协议》（*e-ASEAN Framework Agreement*），东盟网站，http://agreement. asean. org/media/download/20140119121135. pdf。

③ 《2025 年东盟经济共同体蓝图》，东盟网站，https://aseandse. org/wp - content/uploads/2021/02/AEC - Blueprint - 2025 - FINAL. pdf。

④ 《东盟互联互通总体规划 2025》，东盟网站，https://asean. org/wp - content/uploads/2016/09/Master - Plan - on - ASEAN - Connectivity - 20251. pdf。

⑤ 《东盟互联互通总体规划 2025》，东盟网站，https://asean. org/wp - content/uploads/2016/09/Master - Plan - on - ASEAN - Connectivity - 20251. pdf。

表 9.5　**东盟数字化相关战略和规划**

战略或倡议	数字化相关目标	领域
《2025 年东盟经济共同体蓝图》	缩小地区数字鸿沟、普及数字化运用、发展数字赋能的经济、借力信息通信技术打造创新包容和一体化东盟	实现经济转型，探索信息通信技术的运用和协调下的经济发展和推动东盟内部的电商和贸易；普及互联网，增强互联网宽带连接的普及性和确保可支付的价格；创新，即支持信息通信技术创新、创业以及新的技术发展，如智慧城市、大数据等；信息通信技术的基础设施发展，尤其是农村地区的基础设施和联通能力；人力资本发展，加强信息通信技术劳动力的职业发展；促进地区信息通信技术产品、服务和投资的自由流动，打造一个整体的地区 ICT 市场，降低东盟的国际移动漫游费用；鼓励地区新媒体和电子服务的发展和使用；加强信息安全和保障，构建可信的数字生态系统，包括进一步加强网络安全合作、制定保护个人数据的措施等
	发展地区电子商务	形成东盟统一消费者权利和保护法，完善电商法律制度环境；形成在线争议解决的统一法律框架；便利、共同认可、安全、可靠和用户友好的电子识别和授权方案；个人数据保护框架
《东盟互联互通总体规划 2025》	数字创新	支持中小微企业应用数字科技、通过数字技术普及金融服务、改善东盟成员国的开放数据使用、支持东盟成员国加强数据管理

资料来源：根据《2025 年东盟经济共同体蓝图》《东盟互联互通总体规划 2025》整理得到，来自东盟网站。

2021 年 1 月 21—22 日，首次东盟数字部长会议举行，会议通过《东盟数字总体规划 2025》，旨在指引 2021—2025 年东盟数字合作，将东盟建设成由数字服务、技术和生态系统驱动的领先数字社区和经济体[①]。根据东盟各国部长在会后发表的联合宣言，《东盟数字总体规划

① 《东盟通过〈东盟数字总体规划 2025〉》，中华人民共和国商务部网站，http://www.mofcom.gov.cn/article/i/dxfw/cj/202102/20210203036209.shtml。

2025》所制定的行动将优先推动东盟从新冠肺炎疫情中恢复，具体领域包括提升固定和移动宽带基础设施、提供数字服务、创造有竞争力的数字服务市场、提升电子政务服务质量、提供连接商业的数字服务并促进跨境贸易、增强企业和民众参与数字经济的能力、建成具有包容性的数字社会等①。

为贯彻和推动前述中远期战略规划，东盟通过与亚洲基金会、世界经济论坛等合作提出区域层面数字化倡议。例如，东盟中小微企业协调委员会（ASEAN Coordinating Committee on Micro，Small and Medium Enterprises，ACCMSME）与亚洲基金会（Asia Foundation）共同提出“走向数字化东盟倡议”（Go Digital ASEAN Initiative），聚焦于提升数字技能，应对新冠肺炎疫情的经济影响，提升东南亚国家小微企业的数字化，解决青年就业问题，特别是在农村和边远地区，提升其数字技能、增加东盟成员国当地经济机会、减少疫情的负面影响等②。东盟与世界经济论坛合作，提出“数字化东盟倡议”（Digital ASEAN Initiative），旨在支持东南亚的数字经济项目，以增强地区经济包容性。该倡议重点关注四个领域的数字化合作和协调行动：形成泛东盟数据政策，增强东盟劳动力数字技能，发展东盟数字化支付并建设共同的数字化支付框架，加强东盟网络安全建设③。2018 年启动了东盟数字化技能愿景；在金融支付领域，2019 年 3 月，设立东盟数字化支付联盟。

国别层面，东盟成员国政府也越来越重视数字化。如表 9.6 所示，东盟成员国纷纷出台国别层面数字化战略。新加坡是东南亚较早开始信息化建设的国家，早在 2014 年就公布“智慧国 2025”十年计划，旨在

① 中华人民共和国商务部亚洲司网站，http://yzs. mofcom. gov. cn/article/ztxx/202101/20210103033989. shtml。

② “走向数字化东盟倡议”（Go Digital ASEAN），亚洲基金会（Asia Foundation）网站，https://asiafoundation. org/emerging - issues/go - digital - asean/；《东盟和亚洲基金会启动走向数字化东盟倡议来发展数字技能解锁新的经济机会》（*ASEAN and the Asia Foundation Launched Go Digital ASEAN to Develop Digital Skills to Unlock New Economic Opportunities*），联合国南南合作办公室—南南星空平台（South - South Galaxy）网站，https://www. southsouth - galaxy. org/news/asean - and - the - asia - foundation - launched - go - digital - asean - to - develop - digital - skills - to - unlock - new - economic - opportunities/。

③ 世界经济论坛网站，https://www. weforum. org/projects/digital - asean。

建设数字经济、数字政府和数字社会①。2016 年 3 月，新加坡出台面向工业 4.0 的产业转型计划，2017 年 5 月，新加坡国家研究基金会推出“AI. SG”战略，提升数字经济发展的人工智能（AI）能力（许利平、吴汪世琦，2020）。2016 年泰国提出“泰国 4.0”战略，2017 年，越南政府推出《越南数字化知识体系提案》，2018 年 9 月，越南政府提出迈向“工业 4.0”的战略愿景，2019 年越南颁布《国家数字化提案》，提出 2030 年全面实现经济社会数字化，跨境电商、通信技术发展和智慧城市建设是重中之重；2018 年 4 月，印度尼西亚政府出台“工业 4.0 路线图”；2018 年 10 月，马来西亚政府颁布《国家工业 4.0 政策》；2019 年 1 月，缅甸政府批准《缅甸数字经济发展路线图草案》；2020 年 6 月，文莱发布《数字经济总体规划 2025》（金丹、杜方鑫，2020；许利平、吴汪世琦，2020；华欣、汪文杰，2020）。柬埔寨发布《数字经济和数字社会政策框架（2021—2035）》，确定五大发展目标和领域：数字基础设施、数字信任和信心、数字公民、数字政府以及数字商业，并制定了 100 多项具体措施②。2021 年，马来西亚政府出台“数字经济蓝图”（Malaysia Digital Economy Blueprint），提出到 2030 年实现数字化转型的三阶段目标，第一阶段（2021—2022 年）加强马来西亚数字基础设施建设，第二阶段（2023—2025 年）实现数字化转型和数字经济的包容性，第三阶段（2026—2030 年）规划未来几十年强劲、可持续增长的道路，将马来西亚打造成数字产品和数字解决方案供应商的区域市场生产商③。越南的《2016—2020 年电子商务发展总体规划》提出，到 2020 年在电子商务领域，实现网上购物人数占总人口 30%，人均消

---

① 《东盟加快发展数字经济（国际观点）》，人民网，2021 年 8 月 11 日，http://world.people.com.cn/n1/2021/0811/c1002-32188589.html。

② 《东盟加快发展数字经济（国际观点）》，人民网，2021 年 8 月 11 日，http://world.people.com.cn/n1/2021/0811/c1002-32188589.html。

③ 马来西亚“数字经济蓝图”（Malaysia Digital Economy Blueprint），马来西亚政府网，https://www.epu.gov.my/sites/default/files/2021-02/malaysia-digital-economy-blueprint.pdf。马来西亚“数字经济蓝图”提出六大战略支柱，包括公共部门的数字化转型、通过数字化增强经济竞争力、建设有利的数字基础设施、培养数字化人才、创造包容性数字经济、构建可信安全的数字环境。

费金额350美元的目标；设定了电子商务交易额占进出口总额比例等目标（中国电子信息产业发展研究院，2017）。

表9.6 **东南亚国家数字化战略**

国家	提出年份	战略
新加坡	2014	智慧国2025
	2016	工业4.0产业转型计划
	2017	“AI. SG”战略
泰国	2016	泰国4.0战略
越南	2010	使越南尽快进入先进信息通信技术国家
	2016	2016—2020年电子商务发展总体规划
	2017	越南数字化知识体系提案
	2018	工业4.0战略愿景
印度尼西亚	2018	工业4.0路线图
马来西亚	2018	国家工业4.0政策
	2021	数字经济蓝图
缅甸	2019	数字经济发展路线图草案
文莱	2020	数字经济总体规划2025
柬埔寨	2021	数字经济和数字社会政策框架（2021—2035）

资料来源：根据相关文献和相关国家政府网站信息整理得到。

根据国家信息中心测算评估的数字丝路畅通水平，东南亚国家整体排名较为靠前，尤其是新加坡、马来西亚、印度尼西亚、越南等均排名前十（国家信息中心“一带一路”大数据中心，2018）。另一方面，东南亚国家之间因基础设施差异、数字化发展阶段差异、战略重视程度差异等多方面因素，东盟内部存在较大的数字鸿沟。例如，在数字经济领域，新加坡是东盟数字经济的“领头羊”，文莱、马来西亚、泰国等国数字经济发展迅速，东南亚其他国家整体数字化水平则较低，地区内数字鸿沟也影响东盟总体数字经济竞争力（华欣、汪文杰，2020；许利平、吴汪世琦，2020）。

二　中国—东盟数字合作

前述东南亚地区和国别层面的数字化战略和规划表明，数字化是东盟的重要地区议程。中国与东盟围绕数字化开展了多方面深入合作，包括战略合作伙伴关系深化、数字互联互通、中国—东盟信息港落地、数字技术研发、数字经济、电子商务等。中国与东南亚国家通过双边文件、多边共识等，达成相应的数字合作政策沟通。其中，老挝、越南、泰国、柬埔寨等在数字丝路畅通度指数的“政策沟通指数”上排名最为靠前，位居前五（国家信息中心“一带一路”大数据中心，2018）。

在战略和伙伴关系建设方面，中国—东盟通过10+1机制，提出了一系列数字化、数字合作战略伙伴关系倡议或愿景。2018年，第21次中国—东盟（10+1）领导人会议通过《中国—东盟战略伙伴关系2030年愿景》，高度关注数字经济的发展与中国—东盟数字合作①。2020年6月12日，中国—东盟数字经济合作年正式开幕，中国与东盟达成共识，将进一步加强数字经济领域合作，分享数字化防疫抗疫、数字基础设施建设和数字化转型等方面的经验，共享数字经济发展红利②。2020年11月12日，第23次中国—东盟领导人会议提出《中国—东盟关于建立数字经济合作伙伴关系的倡议》，双方同意深化数字技术在疫情防控中的应用；加强数字基础设施合作；支持数字素养、创业创新和产业数字化转型；推动智慧城市创新发展；深化网络空间合作；推进网络安全务实合作③。2020年11月发布的《落实中国—东盟面向和平与繁荣的战略伙伴关系联合宣言的行动计划（2021—2025）》提出未来5年，

① 《中国—东盟战略伙伴关系2030年愿景（全文）》（2018年11月15日发布），新华网，http://www.xinhuanet.com/world/2018-11/15/c_1123718487.htm。

② 《中国—东盟数字经济合作年启动》，人民网，https://baijiahao.baidu.com/s?id=1669380897076570712&wfr=spider&for=pc；《中国—东盟关于建立数字经济合作伙伴关系的倡议》（2020年11月13日发布），中华人民共和国工业和信息化部，https://www.miit.gov.cn/jgsj/gjs/yzhz/art/2020/art_82c43e18928e4ffeaea697eb34fef0ff.html。

③ 《中国—东盟关于建立数字经济合作伙伴关系的倡议》（2020年11月13日发布），中华人民共和国工业和信息化部，https://www.miit.gov.cn/jgsj/gjs/yzhz/art/2020/art_82c43e18928e4ffeaea697eb34fef0ff.html。

中国与东盟将进一步加强信息通信技术合作，包括继续通过中国—东盟数字部长会议及其他中国—东盟机制，开展数字合作政策对话与交流；深化网络安全政策交流；落实中国—东盟数字经济合作年达成的成果；在信息通信技术发展和监管政策、网络安全产业发展、网络安全应急响应能力建设以及人工智能等新兴信息通信技术和应用领域的合作；完善中国—东盟信息通信基础设施互联互通；分享数字经济和技术创新信息，联合开展能力建设等①。中国—东盟数字互联互通方面的合作，一项标志性成果是中国—东盟信息港的落地，包括五大合作平台，基础设施、信息共享、技术合作、经贸服务、人文交流②。中国不仅与东盟开展区域层面的数字合作，也在国别层面探索数字合作。例如，2017 年 11 月 12 日，中国、越南签署《关于成立电子商务合作工作组的谅解备忘录》③；2019 年 1 月的《中柬两国联合新闻公报》、2019 年中国—马来西亚《经贸合作五年规划（2018—2022）》《中国政府与菲律宾政府经济技术合作协定》等均提出开展数字经济领域的双边技术、商贸和交流合作（华欣、汪文杰，2020）。

中国—东南亚国家数字合作具有较大的发展前景，东南亚地区的优势和潜力表现在以下方面。第一，东南亚网络覆盖率高，当地居民手机和互联网较为普及，具备良好的数字经济市场。以马来西亚为例，当地手机移动网络十分普及，基本实现了全民覆盖（World Bank，2018）。第二，在地区和国别层面，均出台了相应的数字化战略，为数字合作提供了战略机遇，应加强数字化战略精准对接，结合当地需求和战略重点，开展数字合作。数字化战略和相应的产业支持政策，为东南亚国家的数字化转型提供了有利的政策环境。第三，当地数字经济仍有较大的发展空间，数字经济的潜力、数字红利尚未充分释放，当地企业的数字化水平也相对较低。相关研究发现，东盟地区数字经济占 GDP 比重的

---

① 《落实中国—东盟面向和平与繁荣的战略伙伴关系联合宣言的行动计划（2021—2025）》，中华人民共和国外交部网站，http://new.fmprc.gov.cn/web/zyxw/t1831837.shtml。

② 中国—东盟信息港网站，http://dmxxg.gxzf.gov.cn/gyxxg/。

③ 中华人民共和国商务部，http://www.mofcom.gov.cn/article/ae/ai/201711/20171102669338.shtml。

整体水平仅为7%，远低于欧美中日等国家和地区的同类指标，也意味着东盟国家的数字经济仍有较大的潜力（许利平、吴汪世琦，2020）。另一方面，东南亚国家的数字经济发展速度较快。以越南为例，2019年，越南数字经济规模达120亿美元，年均增速超过40%，与印度尼西亚一起领跑东南亚（金丹、杜方鑫，2020）。

中国—东盟数字合作也面临一些挑战，既包括数字化的一般性风险因素，如网络安全保障情况和能力等，也面临一些当地特殊的挑战和地缘政治因素。例如，区域层面，整体上的域外大国恶性竞争（许利平、吴汪世琦，2020）；国别层面，政治因素带来的双边政治互信不足等，均会对双边数字经济合作带来负面影响（金丹、杜方鑫，2020）。

第四节　中亚和南亚数字化

一　中亚数字化

近年来中亚国家也纷纷出台数字化战略。哈萨克斯坦数字化起步较早，发展较为迅速，出台了一系列相关的数字化战略和规划，2013年哈萨克斯坦发布《信息化哈萨克斯坦2020》国家计划；2016年宣布实施《数字哈萨克斯坦2020战略》，最大限度地提高政府机关的工作效率，鼓励和支持商业发展，通过数字化技术和发展数字产业创造更多就业岗位，加快数字丝绸之路建设①；2017年哈萨克斯坦通过《数字哈萨克斯坦国家规划》（中国电子信息产业发展研究院，2017；王海燕，2020）。如表9.7所示，中亚其他国家的数字化战略还包括：2018年，乌兹别克斯坦颁布“关于发展数字经济措施”总统令，2019年11月，发布《数字乌兹别克斯坦2030国家战略构想》实施路线图；2018年11月，土库曼斯坦总统批准《土库曼斯坦2019—2025年数字经济发展构

---

①《数字哈萨克斯坦2020战略》还提出，提升偏远地区光纤普及和数字通信水平；加快电子商务、交通、教育等多领域数字化转型；建立现代化数字处理中心；加大宣传力度；以新信息技术为依托，打造“智慧城市”平台；加大IT专家培养和引进力度，发展新型数字经济（中国电子信息产业发展研究院，2017）。

想》；2018 年 12 月，吉尔吉斯斯坦通过《2019—2023 年吉尔吉斯斯坦数字化转型构想》决议，并于 2019 年 2 月出台《2019—2023 年吉尔吉斯斯坦数字化转型》实施路线图；2019 年 12 月，塔吉克斯坦总统批准《塔吉克斯坦数字经济构想》（王海燕，2020）。

表 9.7 **中亚国家数字化战略**

国家	提出年份	战略
哈萨克斯坦	2013	信息化哈萨克斯坦 2020 国家计划
	2016	数字哈萨克斯坦 2020 战略
	2017	数字哈萨克斯坦国家规划
乌兹别克斯坦	2018	关于发展数字经济措施总统令
	2019	数字乌兹别克斯坦 2030 国家战略构想—实施路线图
土库曼斯坦	2018	2019—2025 年数字经济发展构想
吉尔吉斯斯坦	2018	2019—2023 年吉尔吉斯斯坦数字化转型构想—决议
	2019	2019—2023 年吉尔吉斯斯坦数字化转型—实施路线图
塔吉克斯坦	2019	塔吉克斯坦数字经济构想

资料来源：根据王海燕（2020）等文献和相关国家的政府网站信息整理得到。

中国与中亚已开展多项互联互通数字合作，如中国—中亚光缆对接，中国的信息通信企业也成为当地重要的设备和技术供应商。例如，在乌兹别克斯坦，华为成为当地第一大电信运营商的主要设备供应商；2004 年，中兴通讯进入乌兹别克斯坦市场，为当地营运商提供全系列路由器等高端数据设备；华为成为土库曼斯坦电信领域的主要合作伙伴，市场份额占到 50%（中国电子信息产业发展研究院，2017）。华为等企业积极参与哈萨克斯坦“村村通”工程，解决哈萨克斯坦偏远地区 30 多万人的信息通信问题（王海燕，2020）。中国与中亚国家数字合作的有利条件在于，双方稳定持久的互信关系，且均提出了数字经济发展战略，已有多层次合作机制，中亚国家对与中国合作有较强动力（王海燕，2020）。中国与中亚国家数字合作的挑战在于，中亚国家数字基础设施薄弱、数字人才紧缺、网络安全和地缘政治风险不断增加、中亚投资环境复杂（王海燕，2020）。

二 南亚数字化

南亚地区普遍重视数字化和数字经济的发展，印度、孟加拉国、巴基斯坦均出台了相应的数字化战略及互联网发展战略。2014 年，印度政府提出“数字印度”（Digital India）战略和实施计划；孟加拉国提出建设 2021 年“数字孟加拉”发展战略；巴基斯坦实施互联网发展战略。“数字印度”战略和实施计划包含 9 大战略支柱：高速宽带（Broadband Highways）、移动网络的普及（Universal Access to Mobile Connectivity）、公共互联网项目（Public Internet Access Programme）、电子政务（E-governance：Reforming Government Through Technology）、数字化配送（eKranti-Electronic Delivery of Services）、信息共享（Information for All）、数字产品生产（Electronics Manufacturing）、互联网促就业（IT for Jobs）、农业早收项目（Early Harvest Programmes）[①]。根据印度政府的宣传，“数字印度”的提出基于三个愿景：一是数字基础设施惠民，二是基于需求的治理和服务，三是数字赋权[②]。据相关研究的梳理，印度围绕数字经济和数字化的发展出台了一系列国家层面的政策，颁布实施了相应的计划，如 2004 年印度政府制定《宽带政策 2004》、2006 年 5 月，印度颁布实施《国家电子政务计划》、2011 年制定《印度电信产业五年计划（2012—2017）》和《印度光纤网络计划》、2013 年发布《印度高等教育信息化：2030 年愿景规划》、2014 年，印度政府宣布启动“梅格拉杰”国家私有云战略、2015 年启动“智慧城市”倡议（亢升、杨晓茹，2020）。

印度的数字经济较为活跃，呈现广阔的市场前景。“数字印度”等数字化战略和相关项目的出台，进一步加速了印度的数字化。截至 2018 年第一季度，印度成为全球增长最快的移动应用市场、全球第三

① 数字印度（Digital India），印度政府网站，https://www. digitalindia. gov. in/content/programme - pillars。

② 数字印度（Digital India），印度政府网站，https://www. digitalindia. gov. in/content/vision - and - vision - areas#collapseone - -6。

大互联网市场，电商平台、在线支付、物流体系、智能手机都在快速普及和发展完善（亢升、杨晓茹，2020）。此外，印度内部数字鸿沟差异显著。麦肯锡全球研究院的报告指出，印度数字化速度比所有的落后国家要快，但是印度内部数字化进程和成果差异较大，城乡及城市间数字鸿沟显著①。

印度是“数字丝绸之路”倡议的重要沿线国家，也是中国企业在“一带一路”沿线国家中申请专利最多的国家（亢升、杨晓茹，2020）。中国企业在印度占据一定的市场份额，根据2016年10月的数据，华为、小米、OPPO等中国手机品牌拿下印度最主要30个城市40%的市场份额（中国电子信息产业发展研究院，2017）。中印数字合作相对较少，相关研究认为，中印数字合作的重要挑战和障碍在于印度针对中国企业的经贸“审查政策”，当地专利政策法规的限制，以及印度的营商环境较差等（亢升、杨晓茹，2020）。

前述分别按照次区域，论述东南亚、中亚、南亚等地区相应的数字化进展、数字化战略和合作挑战。东南亚、中亚、南亚等地区纷纷出台数字化战略和数字经济战略，蕴藏着广阔的商贸机遇、市场前景和战略对接机遇；此外，受地缘政治、数字鸿沟、大国因素等多方面原因的影响，与这三个地区的数字合作均受到不同因素的限制，数字合作空间有待进一步扩展和加强。

第五节　拉美等地区数字化

从20世纪90年代末开始，拉丁美洲地区的多个国家把建设“信息化社会”列入政府施政议程，21世纪以来，拉美地区信息通信技术快速发展，数字技术的运用和作用日益明显，但要实现由“量”到“质”转变，缩小与发达国家的数字鸿沟还有很长的路（楼项飞、杨剑，

---

① 麦肯锡全球研究院：《联通的世界：联通的变革5G之外》，麦肯锡网站，https://www.mckinsey.com/industries/technology-media-and-telecommunications/our-insights/connected-world-an-evolution-in-connectivity-beyond-the-5g-revolution。

2018)。拉美地区数字化的一个重要特点是，制定数字战略规划、发挥政府作用和加强信息基础设施来推动信息经济发展（张勇，2017）。国家层面，拉美国家出台的相应数字化战略包括，智利出台的《智利数字愿景（2013—2020)》、哥伦比亚出台的《数字规划（2014—2018)》、哥斯达黎加出台的《数字哥斯达黎加（2015—2021)》、多米尼加出台的《多米尼加数字议程（2016—2020)》、墨西哥出台的《墨西哥数字战略（2013—2018)》、巴西出台的《“智慧巴西”国家宽带发展计划》、阿根廷启动的联邦互联网计划、秘鲁出台的《秘鲁数字议程 2.0 (2011—2015)》等（OECD 和 IDB，2016；张勇，2017）。

哥伦比亚的创意经济（Orange Economy）成为当地特色经济产业。根据联合国教科文组织的界定，创意经济指生产或复制、推广、传播或营销具有文化、艺术或遗产内容的商品、服务和活动[①]。根据美洲开发银行（Inter-American Development Bank，IDB）的报告，拉美和加勒比地区在创意经济方面拥有特殊优势，其丰富的文化产业是创意经济的依托，其中数字化和企业家精神是创意经济的两个根本构成因素[②]。

拉美地区的一个重要创新举措是，在国家层面出台创意经济战略。例如，2019 年，哥伦比亚文化部（Ministry of Culture）在咨询国内和国际多方面和多部门的基础上，出台整体性的创意经济政策 (Comprehensive Orange Economy Policy)，于 2019 年 12 月的创意经济全国委员会（National Council of the Orange Economy）会议上提出并通过，也标志着哥伦比亚在国家层面把文化和创意置于发展议程的优先领域和最前沿的领域，并加强各方面的协调和对外宣传[③]。2005—

---

① 《什么是创意经济》(What is the Orange Economy)，哥伦比亚投资网（Colombia Co)，https://investincolombia.com.co/en/articles - and - assets/articles/what - is - the - orange - economy。

② “Launching an Orange Future”，https://en.unesco.org/creativity/sites/creativity/files/launching - an - orange - future_ idb.pdf。

③ 《哥伦比亚创意经济指导原则和战略》(*Guidelines and Strategies of the Orange Economy in Colombia*)，联合国教育、科学及文化组织（UNESCO）网站，https://en.unesco.org/creativity/policy - monitoring - platform/guidelines - strategies - orange。

2017 年，创意经济占哥伦比亚国内生产总值的 1.1%，同期，整个文化领域的年均增长率为 5.5%，以 2017 年为例，创意经济和文化产业为当地创造 24.78 万个工作岗位①。

拉美地区数字鸿沟也值得关注。有研究依据世界经济论坛发布的《全球信息技术报告》中的“网络就绪度指数”（Networked Readiness Index，NRI），分析拉美地区的信息通信技术发展现状。研究发现，整体上拉美各国 NRI 得分绝对值保持上升势头，并且各国得分差距在不断缩小，但是拉美各国的排名分化依然严重，地区各国间的数字鸿沟明显，智利处于地区领先地位，且智利的世界排名波动幅度最小，地区内排名最高与最低的国家间隔 100 名左右，从智利（排名第 38 位）到海地（排名第 137 位）（楼项飞、杨剑，2018）。

一方面，中国—拉美地区具有良好的数字合作前景。2016 年 11 月出台的《中国对拉美和加勒比政策文件》提出，中拉共同构建“1 + 3 + 6”务实合作新框架，即以《中国与拉美和加勒比国家合作规划（2015—2019）》为指引，以贸易、投资、金融合作为动力，以能源资源、基础设施建设、农业、制造业、科技创新、信息技术为合作重点。在此基础上，积极探索“3 × 3”产能合作新模式，即共建拉美物流、电力、信息三大通道，实现企业、社会、政府三者良性互动，拓展基金、信贷、保险三条融资渠道②。信息技术合作成为中拉共同构建“1 + 3 + 6”务实合作新框架的重要组成部分，以及中拉共建拉美物流、电力、信息三大通道之一。这些政策框架对于推动促进区域和国别层面的中国与拉美数字合作提供了良好的政策环境和基础。

另一方面，中国与拉美数字合作较为滞后。由于中国与拉美数字化战略和法规差异、拉美数字基础设施相对落后、拉美政治和经济不稳定因素等，中拉数字合作存在一定障碍；拉美区域数字鸿沟和各国内部鸿

① 《什么是创意经济》（What is the Orange Economy），哥伦比亚投资网（Colombia Co），https://investincolombia.com.co/en/articles-and-assets/articles/what-is-the-orange-economy。

② 《中国对拉美和加勒比政策文件》，中华人民共和国外交部网站，2016 年 11 月，https://www.fmprc.gov.cn/web/zyxw/t1418250.shtml。

沟显著，制约着中国与拉美的数字合作；拉美数字化运用和数字化能力有待提升，当前当地多数企业仍停留在对信息通信技术的基本使用层面，只有较少企业能通过使用信息通信技术来提升企业价值和提高生产力（楼项飞、杨剑，2018；楼项飞，2019）。同时，这些方面也是加强中国—拉美数字合作的重要机遇，为双方数字合作提供了机会和可能的合作领域。

第六节　小结

地区层面的数字化趋势和相应数字化战略的出台表明，数字化成为区域重要议程和合作领域。综合不同地区政府间组织提出的数字化战略和规划，地区数字合作需求和机遇主要表现在以下领域，网络联通设施建设、电子商务、中小微企业数字化运用、金融领域的数字化、数据管理、智慧城市建设、劳动者数字技能培训、网络空间安全和信息安全等。其中，亚洲、非洲等发展中国家和地区的数字化转型战略，蕴藏着重要机遇和合作需求。加强区域层面数字合作也是地区合作的一个重要趋势，亚洲、非洲等发展中国家和地区推出的数字化转型战略，蕴藏着重要机遇和合作需求，也意味着在基础设施、数字经济、新兴科技等方面，全球和区域市场将更加开放。

第十章

新时代提升国际发展合作能力的关键

本章分别从人才、研究、宣传三个维度，论述提升中国国际发展合作能力的关键领域，如图 10.1 所示。2021 年 1 月发布的《新时代的中国国际发展合作》白皮书提出，中国将加强科学管理，提升国际发展合作能力和水平，从“加强规划设计，完善制度建设；优化项目管理，创

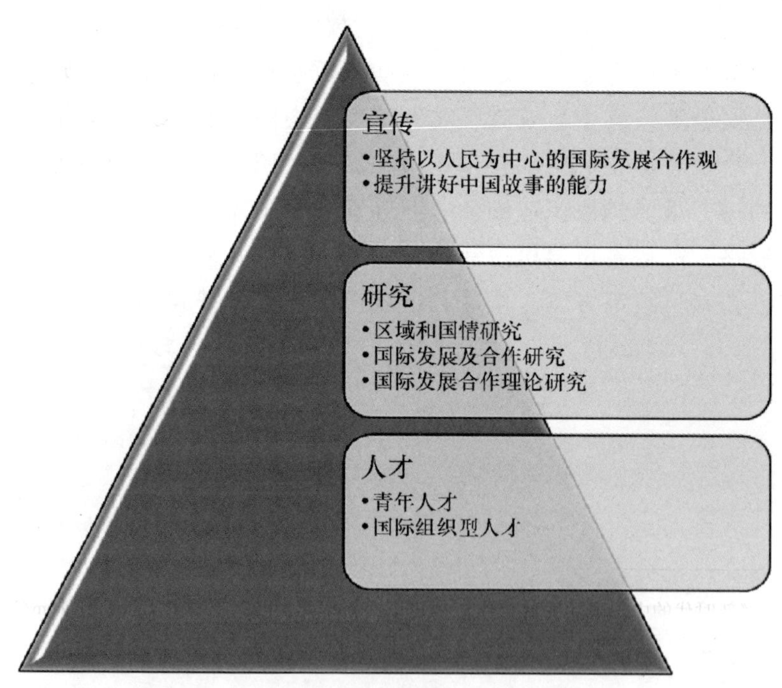

图 10.1　提升国际发展合作能力的关键领域

资料来源：笔者绘制。

新援助方式；强化监督评估，提升援助效益”三个方面提升国际发展合作能力，推动开展高质量的国际发展合作[①]。基于这三项部署，本章提出，为提高中国国际发展合作能力和效果，更充分地发挥开展国际发展合作的综合效益，应加强国际发展合作专业人才培养和运用、加强对中国的国际发展合作理论和对发展中国家的研究、形成和实践以人民为中心的国际发展合作观，并加强对外宣传，增强中国国际发展合作的凝聚力和感召力。

第一节　人才

人才是提升中国国际发展合作能力和全球治理能力的关键。党的十九大报告指出，“人才是实现民族振兴、赢得国际竞争主动的战略资源”[②]。2016 年 9 月 27 日，就二十国集团领导人峰会和全球治理体系变革举行的中共中央政治局第三十五次集体学习中，习近平总书记强调，“要提高我国参与全球治理的能力……参与全球治理需要一大批熟悉党和国家方针政策、了解我国国情、具有全球视野、熟练运用外语、通晓国际规则、精通国际谈判的专业人才。要加强全球治理人才队伍建设，突破人才瓶颈，做好人才储备，为我国参与全球治理提供有力人才支撑”[③]。

近年来，中国越来越重视国际组织型人才队伍建设，但整体上看，中国籍国际职员在国际组织的比例仍偏低。其中，中国的国际组织型人才储备严重不足是重要的约束因素（张海滨，2020）。培养国际组织型人才的重要性在于，提升中国籍国际职员在国际组织的占比，有助于提

① 《新时代的中国国际发展合作》白皮书，新华网，http://www.xinhuanet.com/2021-01/10/c_1126965418.htm。

② 习近平：《决胜全面建成小康社会　夺取新时代中国特色社会主义伟大胜利——在中国共产党第十九次全国代表大会上的报告》，人民出版社 2017 年版，第 64 页。

③ 《中共中央政治局进行第三十五次集体学习》，中华人民共和国中央人民政府网，http：//www.gov.cn/xinwen/2016-09/28/content_5113091.htm。

升中国的国际话语权和中国在国际组织的可见度；发挥干部搭建桥梁的作用，促进国内与国际组织的对接与深度务实合作；提升国际发展合作和全球治理能力。其中，青年干部的培养尤为关键和具有长远意义。本节以联合国为例，重点论述联合国成员国政府向联合国推送青年干部的概况和历史演进、成员国向联合国选派青年干部的典型做法、发展中国家在国际组织的代表性不足的普遍问题及启示，以及中国培养国际组织人才和向国际组织推送干部的建议。

一 成员国向联合国推送青年干部的概况和发展

至2021年，联合国成员国政府向联合国选派青年干部有67年的历史。早在1954年，荷兰政府倡议选派和资助本国政府职员前往联合国粮农组织工作，通过中青年专家项目（Associate Expert），为国际组织提供专业技术支持（JIU，2008）。这是成员国向联合国推送本国政府职员的最早实践，受该实践的启示，其他联合国机构对来自成员国政府的人力资源支持表达了需求和兴趣。

20世纪60年代，联合国青年专业技术职员项目（Junior Professional Officer，JPO）兴起。一个重要标志是，1961年，联合国经济社会理事会推出实施成员国政府与联合国合作的青年干部选派决议（ECOSOC - 849号决议）[①]。在此基础上，回应成员国政府和联合国对专业技术职员的人才需求，发挥青年干部在发展中国家经济与社会发展事务中的作用，一些成员国政府，主要是西方发达国家，开始向联合国推送青年专业技术职员。主要的项目和途径包括，青年专业技术职员项目（JPO）、中青年专家项目（Associate Expert）、中青年专业技术职员项目（Associate Professional Officer）等。这些项目的共同特征是，由成员国政府和联合国用人机构共同选拔候选人，选派干部的身份为联合国正式国际职员，薪酬资金由成员国政府拨付给联合国。这一过程中，成员国对国际组织的支持和贡献体现在提供人力支持和薪酬资金支持两方面。

① 联合国网站，https://www.un.org/development/desa/jpo/wp-content/uploads/sites/55/2016/10/ECOSOC_Resolution_1961.pdf。

20 世纪 80 年代是联合国青年专业技术职员项目发展的第二个阶段，也是标志性阶段。基于国际组织的预算约束和联合国不断增长的职员需求，这一阶段成员国推荐的青年职员，被广泛地选派到联合国不同的机构、工作地点和不同的专业业务领域①。21 世纪以来，青年专业技术职员项目越来越普及，成员国选派的青年专业技术职员也成为联合国重要的人才来源。2013 年，“青年专业技术职员项目”“中青年专家项目”“中青年专业技术职员项目”三个青年项目统一标准化管理，都纳入到青年专业技术职员项目（JPO）中②。青年专业技术职员项目实施之初，主要是在区域办公室和国别办公室层面对联合国提供人力资源支持，尤其是提供专业技术支持，而近年来成员国更倾向于所选派干部在联合国总部任职。

北美、西欧、北欧、日本等发达国家和地区通过青年专业技术职员项目向联合国推送本国职员已有半个世纪之余。当前与联合国签署青年专业技术职员项目协议的国家共有 41 个，依然是以西方发达国家为主，但越来越多的发展中国家加入向联合国推送本国青年专业技术职员的行列中，如中国、埃及、蒙古、摩洛哥等③。2015 年以来，新加入的向联合国推送本国青年干部的成员国包括，中国（2015 年）、摩洛哥（2016 年）、哈萨克斯坦（2017 年）、科威特（2018 年）、巴林王国（2019 年）、俄罗斯（2020 年）、卡塔尔（2020 年）、冰岛（2021 年）、爱沙尼亚（2021 年），以发展中国家为主④。

---

① 2019 年在意大利罗马举行的第十二届国家招聘服务和联合国青年专业技术职员项目会议（12th Meeting of National Recruitment Services and UN Organizations on the JPO Programmes），联合国网站，https://www.un.org/development/desa/jpo/wp-content/uploads/sites/55/2019/02/Update-on-the-Mandate-of-the-JPO-Programme-and-the-Voluntary-Trust-Fund-for-developing-country-candidates.pdf。

② 联合国网站，https://www.un.org/development/desa/jpo/wp-content/uploads/sites/55/2019/02/Update-on-the-Mandate-of-the-JPO-Programme-and-the-Voluntary-Trust-Fund-for-developing-country-candidates.pdf。

③ 联合国经济和社会事务部（UN Department of Economic and Social Affairs）网站，https://www.un.org/development/desa/jpo/news/。

④ 联合国经济和社会事务部（UN Department of Economic and Social Affairs）网站，https://www.un.org/development/desa/jpo/news/。

据相关统计，联合国当前在任的由成员国推送的青年干部中，共来自27个成员国，多数是发达国家，只有中国、埃及、蒙古等5个发展中国家。以联合国开发计划署为例，截至2021年8月，向联合国开发计划署选派本国青年职员的19个成员国（中国、奥地利、比利时、加拿大、丹麦、芬兰、法国、德国、冰岛、意大利、日本、韩国、科威特、卢森堡、挪威、葡萄牙、瑞典、瑞士、荷兰），绝大多数也是发达国家①。

日本、意大利、北欧等国家和地区多年来高度重视向联合国推送本国青年干部，并在国家层面为人才输送和培养提供有力的政策支持。中国于2015年5月加入联合国青年专业技术职员项目，目前尚处于起步和摸索阶段，中国籍干部在联合国国际职员中的占比仍然较低，加大推送青年干部的力度具有重要意义。联合国内部普遍认为发展中国家的青年职员代表性不足，加强发展中国家代表性的呼声和趋势，也为中国加大推送青年干部提供了有利的机遇环境。

二 向联合国选派青年干部的意义和特征

第一，成员国政府推选的青年干部既是联合国现有青年职员的重要构成部分，也是联合国重要的人才库。在资金约束下，联合国青年岗位数量极为有限，为解决自身不断发展变化的职员需求，一个重要办法是与成员国合作，由成员国推选青年职员。根据2008年联合国联合检查组关于联合国系统青年专业技术职员项目的报告（Junior Professional Officer/Associate Expert/Associate Professional Officer Programmes in the United Nations System Organizations），在整个联合国系统，不论什么时候，有约1000名由成员国政府选派的青年干部在联合国工作（JIU，2008）。不同年份，青年职员任期结束后在联合国留任的比率为30%—80%；2000—2006年，联合国开发计划署的620名成员国推送的青年干部职员中40%的人留任了不同的联合国机构，现在的联合国开发计划署员工

① 联合国开发计划署青年专业技术职员服务中心（UNDP JPO Service Centre）网站，https://www.jposc.undp.org/content/jposc/en/home/partner-countries/current-partnerships.html。

中，约20%的人曾是通过成员国政府与联合国的青年专业技术职员项目进入联合国系统工作的（JIU，2008）。

第二，成员国政府普遍较为重视向联合国推选青年干部，各个国家派出的青年干部人力资本水平高，并且在不断提高。根据联合国联合检查组的报告，大多数发达国家在向联合国推送青年职员的过程中，在国家层面的选拔竞争十分激烈，不同岗位依据工作地点和岗位需求的差异，1个岗位有10—140个人申请（JIU，2008）。给我们的启示是，中国在向联合国选派青年干部时，应超越相应国际组织的对口联络部委，在更广范围内选派有国际竞争力的候选人，将来在与其他国家职员竞争岗位时，更具有国际竞争力。

第三，相关的满意度调查显示，成员国政府、联合国用人单位对成员国推送青年干部的项目效果普遍较为满意，青年干部本身也较为满意。2019年，联合国开发计划署青年专业技术职员服务中心（UNDP JPO Service Centre）分别从成员国视角、联合国用人单位视角和被选派青年职员视角，开展了青年专业技术职员项目满意度调查。调查结果显示，成员国对本国推选的青年干部在联合国所从事的工作内容满意或者非常满意的占比为92%、对青年职员任期内学习到新技能的满意占比为92%、对学习和培训机会方面的满意占比为91%[①]。调查显示，联合国用人机构对成员国选派的青年职员评价较高，87%的联合国用人机构对成员国选派的青年职员工作表现满意或十分满意[②]。对推选的青年职员个人而言，在联合国的工作经历不仅是重要的职业发展机遇，也是提升工作能力和人力资本水平的机会。90%的选派青年职员表示很明确或很可能任期结束后在国际组织寻求工作岗位；59%的青年职

① 《2019年成员国对青年专业技术职员项目的满意度调查结果》，联合国开发计划署青年专业技术职员服务中心（UNDP JPO Service Centre）网站，https://www.jposc.undp.org/content/jposc/en/home/programme-participants/participant-survey/2019_Partner_Countries_Satisfaction_Survey.html。

② 《2019年联合国用人机构对青年专业技术职员项目的满意度调查结果》，联合国开发计划署青年专业技术职员服务中心（UNDP JPO Service Centre）网站，https://www.jposc.undp.org/content/jposc/en/home/programme-participants/participant-survey/2019_Partner_Agency_Satisfaction_Survey.html。

员认为，这个工作履历有利于加强其职业竞争力；71%的人对其工作内容满意①。

三 发展中国家在联合国的职员代表性不足及启示

当前国际组织中比较有争议的问题是，发展中国家的青年职员数量偏少、比例偏低，从而带来代表性不足的问题，加之种族因素的影响，发展中国家职员代表性的问题也引起更多的关注。根据联合国联合检查组2008年发布的成员国选派青年职员项目报告，联合国成员国政府选派的青年专业技术职员中仅有6.7%来自发展中国家，其中一个重要原因是，实施此类项目的国家以发达国家为主，而这些项目往往只针对本国国籍公民（JIU，2008）。

近年来一个积极的变化和发展趋势是，新增加的同联合国签署推送本国青年干部协议的成员国以发展中国家为主②。然而，整体上，发展中国家职员在国际组织代表性不足的问题依然存在，联合国机构普遍认为需要改变这一状况。从政治因素考虑，联合国机构、成员国均认为需要增加来自发展中国家的青年职员数量和比例。尤其是，2020年来国际上有关种族主义和歧视的关注进一步增加，联合国机构的包容性建设变得更加重要。联合国大会请秘书长报告关于青年专业技术职员的任用情况，并提交相应的提案，其中一个提案是“鼓励所有参与青年专业技术职员项目的国家和机构，资助来自发展中国家的青年专业技术职员”③。

发展中国家代表性不足的问题释放出两个信号。一是为中国加大向联合国推送本国的青年干部提供了重要机遇；二是可探讨资助其他发展中国家人员的可能性，间接提升中国在国际组织中的影响力。一方面，

---

① 《2019年青年职员满意度调查结果》，联合国开发计划署青年专业技术职员服务中心（UNDP JPO Service Centre）网站，https://www.jposc.undp.org/content/jposc/en/home/programme-participants/participant-survey/2019ParticipantSatisfactionSurvey.html。

② 联合国经济和社会事务部（UN Department of Economic and Social Affairs）网站，https://www.un.org/development/desa/jpo/news/。

③ 联合国网站，https://www.un.org/development/desa/jpo/wp-content/uploads/sites/55/2019/02/Update-on-the-Mandate-of-the-JPO-Programme-and-the-Voluntary-Trust-Fund-for-developing-country-candidates.pdf。

联合国内部有加大发展中国家青年职员代表性的需求，联合国联合检查组的报告建议联合国经济社会理事会，寻求和创造有利于发展中国家青年参加联合国青年职员项目的机会。另一方面，对发展中国家的资助，有国际先例可循。2004 年起，荷兰政府选派联合国的青年干部项目 50% 的岗位留给来自发展中国家的申请人，扩大了对发展中国家的支持，之前预留给发展中国家的比例是 30%；比利时、意大利和卢森堡也有少数名额留给发展中国家申请人（JIU，2008）。一个近期的例子，2021 年 6 月，荷兰的青年专业技术职员项目资助发展中国家的青年职员前往“联合国缅甸问题独立调查机制”（United Nations Independent Investigation Mechanism for Myanmar，IIMM）任职，面向阿富汗、乌干达、赞比亚等 46 个发展中国家国籍的申请人[①]。但是整体上看，随着成员国自身整体预算的减少，资助非本国职员的项目在减少。

四　国际组织型人才队伍建设建议

第一，应继续并加大向联合国推送中国的青年干部。向联合国推送本国青年职员是很多成员国政府，尤其是西方发达国家和地区近几十年来一直在实施的人才战略。随着中国深度参与国际发展合作和全球治理，无论是从国内人才需求和培养的角度出发，还是从提升国际组织中国籍职员代表的角度出发，都需要加大力度培养中国的国际组织型人才。如前述，成员国政府、联合国用人机构和推选干部个人均对推送项目有积极的评价，而发展中国家的代表性不足也为中国加大向联合国选派青年人才提供了机遇。与此同时，国际组织人才的输送和培养是一项长期工作，应以发展的思维，做好对青年干部在不同职业发展阶段多次推送和重点培养的长期发展规划。

第二，在青年干部的选拔过程中，在信念坚定、政治素质过硬的基础上，应加强对选派干部国际竞争力的评估。各国普遍的趋势是，选派至国际组织的青年干部人力资本水平在不断提高。中国在选拔青年干部

① 联合国网站，https://www. un. org/development/desa/jpo/vacancies/2021/06/call - for - applications - dutch - jpo - programme/。

的过程中，应当将候选人是否在未来竞聘国际职员岗位时具有国际竞争力作为一个重要评估指标。在选派人员上，加强专业技术人员的输送，加强对跨学科、前沿学科等领域专业技术人员的选派；加强对具有多岗位工作经历的干部的选派。提升职员国际竞争力的一个重要条件是，人选范围的扩大，推广实施跨部委甚至是更大范围的干部选派。

第三，加强对派出干部职业发展的政策支持，减少外派干部后顾之忧。国际经验表明，中高级国际职员的培养是长期的过程，应辩证地看待青年干部任期结束后是否在联合国留任的问题。对回国发展的干部，在个人职业发展方面，持续加强培养，使外派干部具备可以随时竞聘联合国更重要和更高级别的工作岗位的资质和能力，做好分别在青年岗位和领导岗位多次推送的准备。

第四，青年干部选派是万里长征第一步，在国际组织工作本身是途径而不是最终目的。选派青年干部应当发挥主观能动性，积极担当作为，不局限于日常工作事务，发挥创新精神和领导力，主动提出相应议程和合作事项，为国际组织工作、全球治理、中国发展和治理经验的对外分享宣传，以及促进国内与国际组织的务实合作和伙伴关系构建等方面，作出应有的贡献。

第五，探讨支持其他发展中国家青年职员的可能性、可行性和意义。在向联合国推送青年干部方面，中国也是刚刚起步，目前探讨支持其他发展中国家可能为时过早，但也不是天方夜谭。在国际上，既有这个需求也有国际先例可循。可探讨的两个可能性，一是通过青年职员项目直接资助发展中国家的青年职员；二是作为一种对外援助方式，间接资助发展中国家实施本国的人才推选项目。

此外，除了直接向国际组织选派干部，应加强人才合作，发挥专家作用，支持更多的智库专家学者通过专家交流、委任和青年专业技术职员项目等形式到国际组织交流任职。专家型职员在国际组织任职会更容易被委任具有分析性和战略前瞻性的工作任务，对部门领导提供直接的咨询支持。因而，除了直接推动智库与国际组织的合作，通过参与相关的报告撰写、提供咨询支持以及撰写政策文件、发言稿等文案工作，发挥重要的“笔杆子”作用。

第二节　研究

一　加强研究的意义

加强对发展中国家的研究对于提升对外援助和国际发展合作的有效性和针对性，降低国际发展合作风险具有重要意义。随着“一带一路”进入“工笔画”阶段，加强国别层面的发展战略精准对接，需要做好区域和国情研究，尤其是当地经济、政治、社会稳定、国家发展战略及优先发展领域、法律体系、经济和政策环境的研究，以规避风险（向坤，2017；贺文萍，2018）。研究是科学决策的重要依据和参考，深入了解发展中国家的发展问题、推动相关知识产品产出后与决策者的共享，将有助于提升对外援助和国际发展合作的综合效应。国际发展研究和对发展中国家和地区的区域和国别研究，对于提升中国双多边国际发展合作效应和共建“一带一路”具有重要意义，应当进一步深入了解不同发展中国家的国情、发展现状、战略政策和法律体系等。当前在关于发展中国家和地区的研究、人才培养和知识的积累上，距离服务高质量共建“一带一路”和提升新时代中国的国际发展合作能力还有一定的差距，应加强对发展中国家的研究，并借力发展中国家的智库和科研人员力量，通过与发展中国家开展合作研究或者直接资助其从事本国研究，提升对于发展中国家的研究积累。

近年来，中国越来越重视对国际发展和发展中国家和地区的研究，具有代表性的机构包括中国国际发展知识中心①和中国非洲研究院②等。中国对外援助中缺乏专门针对发展中国家研究人员的研究资助项目，未来可探索参考加拿大的国际发展研究中心（International Development Research Center，IDRC），成立类似的研究资助机构，将不仅有助于提升中国援助的效率和实际效果，也有利于提升中国在发展中国家的影响

① 中国国际发展知识中心网站，http://www.cikd.org/chinese/aboutus。

② 中国非洲研究院网站，http://cai.cssn.cn/gywm/zfyjyjj/。

力和软实力。本节以加拿大为案例，重点围绕加拿大国际发展研究中心和相应的研究和知识管理战略，分析加强对发展中国家的研究的重要性和多样化途径。加拿大双多边国际发展合作中，一个值得关注和借鉴的做法是，对发展中国家研究的重视，以及对发展中国家研究能力提升的援助和支持。

加拿大的官方发展援助始于第二次世界大战结束后。加拿大通过参与美国倡导的支持战后欧洲重建和复兴的“马歇尔计划”，以及英国倡导的援助南亚和东南亚的“科伦坡计划”，成为西方对外援助国的一员，至20世纪60年代中后期加拿大发展成为国际社会“最为积极的援助国”之一（钱皓，2014）。外交、对外贸易和对外援助是支撑加拿大国际事务的三驾马车。2013年3月，加拿大国际发展署与外交部合并，重新命名为加拿大外交、贸易和发展部（Department of Foreign Affairs, Trade and Development，DFATD），也称为加拿大全球事务部（Global Affairs Canada）。加拿大的对外援助具有较强的政治色彩，例如，加拿大在评估是否提供援助时设置了一系列严格的资格审查条件，其中，“民主化和人权标准”是最为核心的审核条件（王永洁，2018b）。尽管加拿大的对外援助也未能摆脱传统西方对外援助重视价值观念传播的俗套，加拿大对外援助的一些经验做法，尤其是重视对发展中国家的研究、人力资源开发和对发展中国家研究人员的资助等，具有一定的启示意义。

二　加拿大国际发展研究中心案例

对发展中国家的研究资助是加拿大对外援助的重要构成部分，也是加拿大对外援助的一个特色。早在20世纪70年代，加拿大就重视对发展中国家的研究资助，强调将研究和知识运用于发展。1970年加拿大议会法案提出，设立专门的国际发展研究中心，授权其“发起、鼓励、支持和开展关于全球发展中国家和地区问题的研究，并将科学、技术和其他知识应用于发展中国家和地区的经济和社会进步”①。1970年，加

① 加拿大国际发展研究中心（International Development Research Centre），https://www.idrc.ca/en/about-idrc。

拿大政府设立国际发展研究中心，其主要使命是通过资助发展中国家和地区的研究和创新活动来推动全球发展和变化，包括资助、支持发展中国家开展高质量的研究，分享知识（包括与研究人员和决策者两方面的分享以发挥知识更大的效益和作用），动员全球伙伴关系来推动可持续和包容性增长[①]。国际发展研究中心总部设立在加拿大首都渥太华，并在乌拉圭蒙得维的亚、肯尼亚内罗毕、塞内加尔达喀尔、约旦安曼和印度新德里分别设立五个地区办公室。加拿大的对外援助重视对来自发展中国家的人才培养、培训和资金援助，注重对发展中国家的研究和知识积累。

就发展理念而言，知识、创新和解决问题是加拿大国际发展研究中心界定的支撑全球发展的三大支柱。2015—2020 年国际发展研究中心战略规划（IDRC Strategic Plan 2015 - 2020）中提出，2015—2020 年将主要“投资解决方案”（Investing in Solutions），支持问题应对性研究[②]。2015—2020 年国际发展研究中心战略规划界定了三大战略目标和领域。第一，注重投资知识和科技创新来推动全球发展。加拿大国际发展研究中心通过提供经费和奖金等形式，资助发展中国家或者居住在加拿大的发展中国家国籍的个人，从事与发展中国家相关的研究，关注创新型、问题解决型和政策相关型的研究，并将产出的知识和科研成果与政策制定者和当地社区共享，从而使得决策有实践和理论依据。第二，通过提供经费支持、研究员职位、培训和职业发展机会等多种形式，加大对具有领导潜质和个人发展潜力的人才提供支持，关注和投资各界精英，帮助提高这些未来在发展中国家有可能成长为政府、科研机构或商界的精英和领导阶层的人在其各自领域的影响力，并加强对发展中国家的智库建设支持和投资。IDRC 提出五年内将资助和培养至少 500 名具有领导潜质和才能的优秀个人。其资助对象主要是发展中国

① 加拿大国际发展研究中心（International Development Research Centre），https://www.idrc.ca/en/about - idrc。

② International Development Research Centre，“Investing in Solutions：Strategic Plan 2015 - 2020”，https://prd - idrc.azureedge.net/sites/default/files/idrc - strategic - plan - 2015 - 2020.pdf.

家的研究人员，或在加拿大从事发展问题研究的相关人员或学术机构，通过向这些研究人员或机构提供资助，帮助其探索发展中国家的问题并寻找解决方案。IDRC 将农业和环境、包容性经济增长、科技和创新这三个领域，定义为三大关键援助领域。IDRC 给予研究资助的条件是研究主题需围绕以下领域：减少贫困和不平等、推动就业和增长、抵御气候变化、推广“良治”、促进母婴健康和推动科技发展与创新。第三，IDRC 将全面发展全球合作伙伴关系放在重要的战略位置，IDRC 全面发展与全球性、区域性、公共性和私有性的组织和机构之间的联系，注重以多元的形式扩宽其资金来源。IDRC 的一个重要特色和发展趋势是，全面发展与私营部门的合作伙伴关系，将私营部门和企业视作未来增长的新动力①。

三 启示与借鉴

加拿大在对外援助中尤其关注对发展中国家的研究资助。距离 1970 年加拿大成立国际发展研究中心，加拿大从事发展中国家的研究资助和人员资助已有 50 余年的时间。加拿大 IDRC 注重世界精英培养的援助理念也具有一定的参考意义。伴随着中国在全球治理体系和国际发展合作中发挥着越来越重要的作用，国际发展研究变得尤为重要，应加强研究工作，提升新时代中国的国际发展合作能力。第一，应加大对发展中国家和地区的研究，整合相关资源，建立国家级的专门针对发展中国家的研究机构或智库。例如，依托“全球发展倡议”成立相应的全球发展研究院，深入研究发展中国家的发展现状等国情。深入了解发展中国家，推动相关知识产品产出后与决策者的共享，将有利于提升中国国际发展合作的有效性。第二，应加大对发展中国家发展问题、现状和本土特色及禀赋的研究，这些知识对于提升中国对外援助决策的科学性、针对性和有效性尤为重要。第三，除发挥本土智库的作用，加强对发展中国家研究机构和研究人员的资助，支持发展中国家机构

---

① International Development Research Centre，“Investing in Solutions：Strategic Plan 2015 - 2020”，https://prd - idrc. azureedge. net/sites/default/files/idrc - strategic - plan - 2015 - 2020. pdf.

和人员研究自己的国家。建议将对发展中国家研究机构和研究人员的资助纳入国际发展合作的重要业务领域，成立针对发展中国家的研究资助和评估机构，资助相关研究，通过依据重点援助领域引导资助研究课题的形式，加强对发展中国家的发展现状和问题的研究和知识储备。

第三节 宣传

随着中国走近世界舞台的中央和国际形势的复杂变化，讲好中国故事、提升国际话语权具有重要意义。习近平总书记主持中共中央政治局第三十次集体学习时发表重要讲话强调，加强和改进国际传播工作，展示真实立体全面的中国①。国际上对了解和研究中国，尤其是中国的发展和中国奇迹有广泛的兴趣（黄蕙，2021）。当前国际上了解中国，依然主要是借助西方媒体（任福兵，2017）。中国的脱贫和发展取得举世瞩目的成就，有更多的经验做法、理论与知识产品可以贡献世界，应进一步加强总结，主动开展面向国际社会尤其是发展中国家的分享。对外分享和国际传播包含多个层次，其中，讲好中国故事是实践层面的具体分享，而构建相应的话语体系和提升中国的国际话语权是国际传播的途径和目标。习近平总书记在主持中共中央政治局第三十次集体学习时强调指出，“要加快构建中国话语和中国叙事体系，用中国理论阐释中国实践，用中国实践升华中国理论，打造融通中外的新概念、新范畴、新表述”②。相关研究总结分析国际传播能力建设的不同层面，认为话语体系建设和讲好中国故事是抽象和具体、理论和实践的关系，其中，讲好中国故事是具体执行，话语体系建设是顶层设计，话语体系建设离不开讲好中国故事，讲好中国故事也必须以话语体系为指引（夏康健、崔

① 《习近平主持中共中央政治局第三十次集体学习并讲话》，中华人民共和国中央人民政府网，http://www.gov.cn/xinwen/2021-06/01/content_5614684.htm。

② 《习近平主持中共中央政治局第三十次集体学习并讲话》，中华人民共和国中央人民政府网，http://www.gov.cn/xinwen/2021-06/01/content_5614684.htm。

士鑫，2021）。

既有文献从整体性和精准性两方面，研究提升中国国际传播影响力的路径。有研究指出，当前全球传播生态发生重大变革，国际传播呈现突出的整体性和传播主体的全民化，政府部门、媒体、企业、非政府组织、智库、公众等都全面参与公共外交和对外传播实践中；同时，在传播主体、传播对象、传播内容、传播途径等方面呈现多样性（唐润华、刘昌华，2021）。对外宣传和分享呈现差异性需求的背景下，相关研究提出通过分层和差异化传播提升对外宣传效果（林克勤，2017）。有研究从分层传播、分类传播、分群传播三个维度，分析提升对外宣传效果，分别提出面向国外政治精英和政府部门、学界专家、国外网民、新媒体用户的不同传播策略，以及在国别层面实施“一国一策”和区域化表达（胡正荣、田晓，2021）。还有研究提出，在传播策略上实施精准传播，通过大数据多维度细分，根据国际受众的阅读倾向，实现传播精准化，面向精英阶层和大众分类传播（任福兵，2017）。在国际传播差异化和精准化趋势下，结合国际组织的知识管理优先域和特征，应加强研究其知识管理战略、特征和需求，提升与国际组织合作开展知识和经验分享的能力和效率。

新的时代背景下对“讲好中国故事”的能力提出了更高的要求。一是随着中国走近世界舞台的中央，与世界交互交流的信息洪流中也带来了更多误解与误读的可能（张毓强、庞敏，2021）。二是数字化背景下，国际传播呈现一些新的时代特征，包括传播途径和媒介多样化、对外宣传主体全民化、传播触达全球化、新媒体影响力和传播速度远超传统纸媒等（唐润华、刘昌华，2021；王文，2021；任晓波，2020）。三是应考虑到国际受众的庞杂，对外宣传分享中，既有寻求解决方案的政策制定者和实践者，也不乏戴着有色眼镜和政治目的的信息搜罗者。因而，讲好中国故事的关键在于“好”而不在于“讲”，在于质量而非规模和数量，应全面提升对外讲好中国故事的能力，提升对外知识分享中的安全意识、风险意识和质量意识，规避分享误区，高质量讲好中国故事。结合笔者在国际组织工作期间开展的脱贫和可持续发展方面的知识和经验分享工作，总结梳理在知识和实践分享中，应当规避的相关误区。

一是打破固有思维模式，提升对外分享的国际性，讲好中国故事的根本是讲好中国以人民为中心的故事。有一些我们司空见惯的好的做法，国际上恰恰认为是不足的地方。例如，在脱贫经验的总结和分享中，整村搬迁是地理和自然环境恶劣地区的常见做法，也是彰显中国总体规划和基层治理有效性的重要举措，值得对外分享和宣传，但宣传的角度不同会产生截然不同的效果。固有的思维模式是总结和突出高效动员能力和行政力量的作用，凸显整村搬迁的结果，这种呈现方式容易被误读或有意曲解为强制搬迁、缺乏人文关怀。相反，类似经验的分享中，如果重点突出整村搬迁的决策和搬迁过程中，如何与当地村民共商、共建，充分分享和烘托人民的参与和主观能动性，则会使得整个分享和对外宣传起到事半功倍的效果。因而，提升对外分享国际性的关键在于，不是简单突出脱贫和发展的经济效果，而是遵循以人民为中心的讲好中国故事的原则，讲述以人民为中心的发展和治理理念、过程和成果。

二是分享案例上应当有所筛选，尤其是当系统性地向国际社会分享介绍中国经验时，应尤为注意。中国脱贫和发展的途径是多样、创新和因地制宜的，对外分享既要客观，但也不是毫无保留地全景式展览。例如，一些村庄层面的脱贫知识分享中，有一些调研发现村委会层面为更有效地动员群众，会用不同的办法开展工作，包括以占卜算卦的形式破解群众的迷信，类似情景不适合对外分享。

三是对外分享不是单方面的输出和供给，应避免教科书式的分享。对外分享中，应尤为重视发挥智库和科研力量的作用，加强知识和科研成果的分享。以事实、数据和故事案例为依据的分享更为可信，也更加生动。但对于知识产品的分享，需要有一些基本的分享规范，对外分享的目的在于读者群的接受。正如有的研究指出的，对外宣传应摆脱自说自话、自我结构主义的叙事，从用户思维出发（胡正荣、田晓，2021）。因而，应减少晦涩的表述和长篇大论，增强可读性。

四是在对外分享中国经验和知识产品的过程中，应充分了解国际话语体系和大的国际辩论背景，面对不同的疑问有所准备，挖掘经验和方案层面的隐性知识，完善和构建国际话语体系。在所有发展议程的知识和经验分享上，都存在国际话语体系和本土实践和理论的衔接问题。例如，在开展脱贫实践对外分享的过程中，我们会遇到以下常见问题。贫困是如何被测量的，是绝对贫困还是相对贫困？脱贫成功又是被如何界定的，是收入单一维度还是多维度的脱贫？因而，在对外经验分享中，要熟悉现有的国际话语体系，有所准备地开展对外分享宣传和舆论战线工作。现有的国际话语体系一方面是开展对话的基础和既定框架，另一方面也是被不断补充、完善和再建构的。因而，在脱贫经验国际传播中，既要熟悉和结合国际话语体系，避免被贴上单方面经验输出的标签；也需要在此基础上，重点推广和宣传中国创新性的经验做法、政策和实践，进一步丰富和构建国际话语体系。中国在脱贫实践中很多政策和举措是非常具有创新性的，例如，精准扶贫、对贫困户建档立卡、扶贫干部驻村帮扶等。按照联合国相关机构知识管理中提出的开发和分享"隐性知识"的战略（UNDP，2013；UN Women，2018），有一些经验做法层面的知识，由于其在中国背景下较为常见，意识不到其是有效的知识，因而，在经验、方法层面的知识分享有待进一步开发和分享，并在这些具体实践分享的基础上，完善和构建既有的话语体系。

第四节　小结

为进一步提升中国的国际发展合作能力，更充分地发挥开展国际发展合作的综合效应，应进一步加强国际组织型人才队伍建设、加强对中国的国际发展合作理论和对发展中国家的研究，加强对外宣传，增强中国国际发展合作的凝聚力和感召力。本章分别从人才、研究和宣传三个方面，论述新时代增强中国国际发展合作能力的关键领域和着力点。

第一，人才队伍建设的关键在于青年干部的培养，本章通过深度案例分析，以联合国成员国政府通过联合国青年专业技术职员项目向联合国选派青年干部的案例，分析了不同国家对于国际组织型人才的培养和提升本国职员在国际组织代表性的典型做法。

第二，加强对发展中国家的研究和知识积累，对于提升对外援助和国际发展合作的有效性和针对性，服务新时代中国的国际发展合作和共建“一带一路”具有重要意义。加拿大在借力发展中国家智库和研究力量，从事发展中国家和地区研究方面有一些典型做法。加拿大于1970年成立了国际发展研究中心，专门资助支持发展中国家的研究和人才培养，在亚洲、非洲等5个地区分别设立地区办公室，成为对外援助中专门聚焦发展中国家知识和科研的机构。在关于发展中国家的研究方面，本章以加拿大为例，通过对加拿大国际发展研究中心进行案例分析，论述了加强国际发展研究的意义、好的做法及其借鉴意义，提出应进一步加大对发展中国家和地区的研究，深入研究发展中国家的发展现状；除发挥本土智库的作用，加强对发展中国家研究机构和研究人员的资助，支持发展中国家机构和人员从事关于自己国家的研究。

第三，对外援助和国际发展合作的一个重要工作事项是宣传，配套的宣传将助力双多边国际发展合作效应和国际影响力最大化。新的时代背景下，应进一步提升对外宣传能力，适应国内外新变化，提高对外宣传分享的主观能动性，提升讲好中国故事的能力。在对外分享和经验传播上，相应的国际合作部门不仅要承担审批把关的角色，应更多地发挥主观能动性，主动承担讲好中国故事的角色。人才是提升中国国际发展合作能力的关键，应进一步加强人才队伍建设，打造具备全球视野、通晓国际惯例和规范的人力队伍开展对外宣传和交流工作。国家层面应研究出台讲好中国故事的基本规范和指导办法。随着对外工作的全面展开，人才需求较大，短时期内难以全面满足人才和人力需求，这也使得加强规范管理和执行具体的对外宣传指导办法尤为迫切。应形成以人民为中心的讲故事原则，突出以人民为中心的发展理念、治理过程和成果。在对外分享中，设置科学合理的管理机制和审批流程，审批程序不是简单的程序设置，而是在每一个环节都有不同的侧重，分工和责任明确，重点从政治正确、质量和国际可读性三方面严格把关。此外，新时代中国开展双多边国际发展合作，应加强宣传中国的国际发展合作观，突出坚持以人民为中心的理念，既要把“人”放在心中，也要把“人”挂在嘴边。国际组织和多边国际发展合作的凝聚力很大一部分来自其对于人的强调，对于人的发展、权利、主观能动性的强调。中国在对外援助和国际发合作中，也应当重点突出中国实际践行的坚持以人民为中心的发展理念、治理理念和国际发展合作观。外交、外事工作中，应当有意识地增强宣传中国的国际发展合作观，宣传中国的标志性概念和与人民相关的新提法，如“人类命运共同体”“共同富裕”“践行以人民为中心的发展思想，发展全过程人民民主”等理念。

第十一章

中国数字化国际发展合作路径

数字化是国际发展合作的重要领域和发展趋势，国际上对加强数字合作凝聚了越来越多的共识。全球层面，联合国等国际组织出台了一系列数字化战略和数字合作倡议；地区层面，欧盟、非盟、东盟等纷纷将数字化设定为区域优先议程，颁布实施地区数字化转型战略。在数字基础设施、数字经济和新兴科技等方面，全球尤其是发展中国家和地区的市场将更加开放。西方发达国家也越来越重视数字化领域的对外援助，出台了相应的数字化对外援助战略、规划或政策主张。同时，数字化也是近年来国际发展合作的新趋势，无论是国际组织、地区政府间组织颁布实施的数字化国际发展合作战略和倡议，还是西方发达国家实施的数字化领域对外援助战略均是近年来的新现象和重要趋势，数字化领域的国际发展合作刚刚起步，但将继续深化发展。

中国实施了一系列数字化领域的对外援助项目，为推动数字化和缩小全球数字鸿沟作出了积极贡献。另外，由于数字化是当前国际发展合作的新兴领域，数字化国际发展合作普遍处于摸索中前行的阶段，中国也有很大的空间进一步开展和借力数字合作。当前中国在对外援助和国际发展合作中实施了很多与数字化相关的具体项目，但较为零散，不同部门提出的数字化议程偏向具体化、项目化，缺乏整体宏观的布局和议程设置，有待形成多方合力以及加强跨部委的协调行动。未来应进一步重视数字化，发挥数字化国际发展合作的作用和潜力，以数字化助力共建“一带一路”和推动落实“全球发展倡议”，也为缩小全球数字鸿沟贡献中国力量。当前尚未有研究全面论述相应的数字化国际发展合作理论分析框架和决策模型，本书从需求导向、能力建设和风险评估三维度分析中国开展数字化国际发展合作的可行性、意义和风险管理，并提出本着坚持以人民为中心、普惠包容的中国国际发展合作观，从“惠民数字合作”出发，提出不同于西方的数字化议程和中国方案。

第一节 中国数字化国际发展合作路线图研究

当前国际发展合作的数字化趋势，全球和地区层面数字化中长期战略和数字合作倡议，为开展数字化领域的对外援助和国际发展合作提供了有利的国际环境和机遇。在第四次工业革命时代背景下，应高度重视全球数字化趋势和数字化领域国际发展合作趋势，双多边国际发展合作中，与时俱进，不断发展创新，将数字化和数字合作纳入共建“一带一路”中，在数字化这一关键领域，占住发展和合作先机，不仅要把握中国经济发展的“数字红利”，也应加强借力数字化提升国际影响力，实现“国际数字红利”。数字化基础设施的投资和经贸合作，有助于开拓市场，带动国内生产制造业和出口的增长；数字化也将为共建“一带一路”提供新动力和新抓手；数字技能和数字化运用方面的培训和经验分享，将助力讲好中国故事，分享传播中国经验。另外，数字化是一把“双刃剑”，网络攻击、数据安全数次被列入全球高发安全风险。应加强相应研究和部署，从需求导向和能力建设出发，积极参与、推动和主导数字合作，提出中国的数字化议程，并加强相应的需求和风险评估和管理。

中国在对外援助实践中积极推动数字化，尤其是数字经济的发展。根据2021 年发布的《新时代的中国国际发展合作》白皮书，“中国支持建设了37 个电信传输网、政务信息网络等电信基础设施项目，帮助有关国家发展信息通信产业，为推动缩小数字鸿沟作出积极贡献”①。

① 《新时代的中国国际发展合作》白皮书，新华网，http://www.xinhuanet.com/2021-01/10/c_1126965418.htm。

中国援助和支持肯尼亚、老挝、巴布亚新几内亚、孟加拉国等多个国家信息通信产业的发展、政务信息系统建设和信息化管理、高速网络等快速发展①。鉴于数字化和数字合作的全球发展趋势和国际上对加强数字合作的广泛共识，应进一步加强中国数字化领域对外援助和国际发展合作的研究部署和规划设计，以数字化助力共建"一带一路"，为缩小全球数字鸿沟贡献中国力量。

本书提出中国的数字合作路线图，如图 11.1 所示。第一，应加强有关数字合作的研究，及时掌握国际上的数字化战略、数字合作趋势和动向，以促进精准战略对接。在战略和政策研究的基础上，加强立足中国、兼顾全球数字鸿沟的数字合作需求和风险研究和评估；以及对发展中国家和地区的国情研究。第二，在此基础上，进行数字化领域双多边国际发展合作的战略规划，分别从双边对外援助、多边国际发展合作和融入中国重大倡议（如共建"一带一路"和"全球发展倡议"）三个层面进行规划部署。将数字化这一关键领域纳入中国双边对外援助的战略重点领域；多边国际发展合作方面，与国际组织开展数字合作；此外，以数字合作助力推进中国的重大国际倡议，将数字化纳入共建"一带一路"和"全球发展倡议"中。在数字合作领域上，确定对外数字合作的优先序和重点合作领域。结合中国的数字化优势和发展经验，中国对外数字合作应侧重数字化运用、数字经济、能力建设等领域的合作；在数字基础设施方面，商贸、投资、当地共建、技能输出相结合。第三，重点关注和提升中国国际发展合作能力的三大关键领域和支柱，包括人才、研究和宣传，以提升中国双多边国际发展合作能力和影响力。第四，数字化领域的双多边国际发展合作实践中，践行中国的国际发展合作观和政策主张，如"量力而行，尽力而为""授人以渔，自主发展""因国施策，共商共建"等政策主张。在此基础上，不断发展更新中国的国际发展合作观，作为双边对外援助和多边国际发展合作的指导原则和宣传工具。第五，在践行这些政策主张的基础上，进一步发展和完善

① 《新时代的中国国际发展合作》白皮书，新华网，http://www.xinhuanet.com/2021-01/10/c_1126965418.htm。

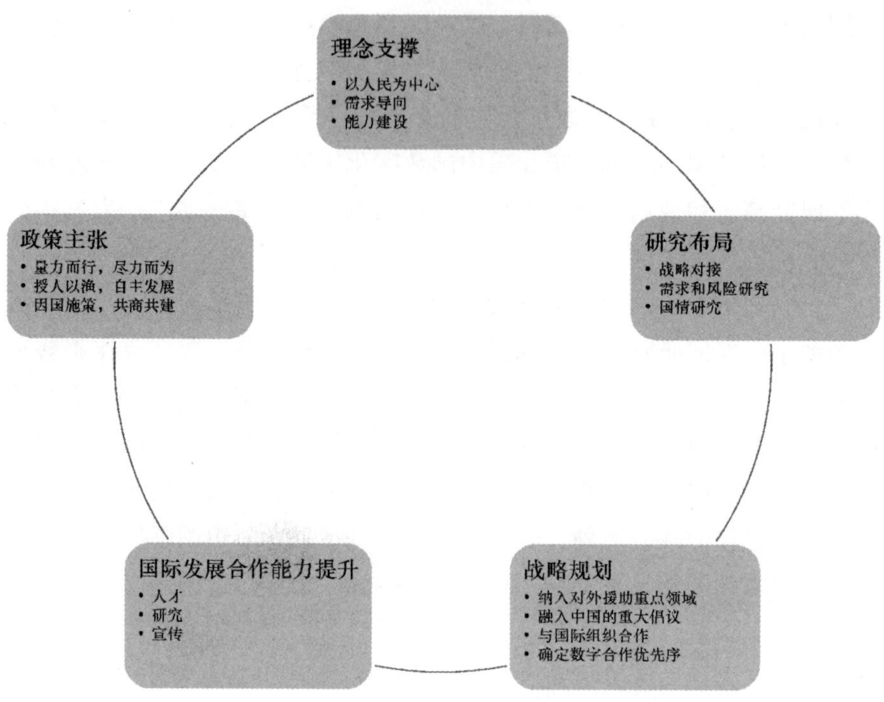

图 11.1　中国数字化国际发展合作路线图

资料来源：笔者绘制。

中国的国际发展合作观，作为支撑国际发展合作的理念和理论宣传工具，形成以人民为中心的“惠民”数字化、数字合作；不断发展和推广宣传中国以人民为中心的国际发展合作观，增强中国议程的感召力和凝聚力；在对外合作上，侧重发展中国家的实际需求和能力建设。

第二节　路径选择和建议

在前述数字化国际发展合作路线图框架下，本书提出十项中国开展数字化国际发展合作的路径选择和相应建议，分别是加强双边对外援助领域战略规划、与国际组织开展务实合作、确定数字合作优先序、发挥知识和经验分享的作用、实施惠民数字合作并加大力度推广宣传中国的国际发展合作观、加强数字合作风险评估和管理、加强对发展中国家和地区的研究和知识储备、积极参与全球数字治理、发展和强化多元伙伴关系、开展关键地区数字合作，如表 11.1 所示。

表 11.1　　**中国数字化国际发展合作路径选择**

对外援助战略规划	将数字化纳入双边对外援助重点领域
	数字化共建“一带一路”、助力落实“全球发展倡议”
与国际组织务实合作	数字化战略和合作倡议对接，积极参与、支持和主导数字合作议程
	增强与国际组织合作的意识和能力
	发挥国际组织的平台作用，分享传播中国经验
	探索设立中国数字化国际发展合作基金
确定数字合作优先序	重点关注数字化运用、数字经济和能力建设合作
	数字联通基础设施：商贸、投资、当地共建
知识和经验分享	能力建设是关键，尤其是数字化运用能力
	发挥智库人才和科研优势
	智库与国际组织务实合作，用知识讲好中国故事
实施惠民数字合作	以人民为中心的惠民数字合作
	宣传中国以人民为中心的国际发展合作观
风险评估与管理	网络信息安全风险
	数字化经济社会风险
	网络空间安全风险
	对外援助一般性风险
加强研究和知识储备	加强对发展中国家的研究
	资助发展中国家的智库和人员从事本国研究
参与全球数字治理	提升议程设置能力和话语权
	参与数字化标准制定
伙伴关系	政府、智库、民间组织、私营部门等多元利益攸关方共同参与
典型地区数字合作	区域战略对接
	区域数字学习中心
	区域合作机制

资料来源：笔者绘制。

一 加强对外援助战略规划，纳入数字化这一关键领域

对外援助既是大国外交的重要手段，也是彰显国家道义的重要载体，对提升一国的国际影响力发挥着重要作用。对外援助的中长期规划，确立核心援助领域和目标，有助于提升对外援助的协调一致和延续性。美国、挪威、德国、经济合作与发展组织等均提出数字化领域对外援助战略、规划或政策主张。以往研究也表明，援助的稳定性和可预期性是提升对外援助效果的重要因素（Liu 和 Li，2022；Kodama，2012）。为进一步提升对外援助影响力，须在援助领域上加强规划设计，紧密结合时代趋势，关注新的、有发展潜力和国际社会普遍关注的议题。数字化和数字合作是重要的全球发展趋势，也是国际社会普遍关注的发展议题。数字化领域的对外援助和国际发展合作蕴藏着大量的商贸和投资机遇，对外援助中应加大数字化领域的援助力度，发挥国际发展数字红利，提升中国的国际影响力和议程设置能力。

第四次工业革命浪潮的时代背景下，伴随着全球数字合作共识的增强，对外援助应同步发展和创新，将数字化纳入中国对外援助重点领域，将数字化助力共建“一带一路”打造成中国对外援助和国际发展合作的特色和品牌。西方发达国家和组织提出的数字化对外援助战略，延续了其一贯标榜的“价值观导向”原则。中国的对外数字合作在实践和对外宣传中，应当进一步加强方法论和理念支撑，凸显与西方发达国家“价值观导向”的数字化对外援助不同的数字合作方案和理念。发展中国家的需求导向、能力建设是开展数字合作的合法性基础，也为加强数字合作提供了学理支持和理论宣传工具。建议从“需求导向”和“能力建设”两条极简务实原则出发，坚持以人民为中心，形成有中国特色的数字化对外援助。

二 与国际组织开展务实合作

第二个可行性路径是与国际组织开展务实合作，借力国际组织提出的数字化战略和数字合作倡议，积极参与和支持相应的数字化议程和全球数字治理；增强政府、智库、私营部门等多元主体与国际组织合作的

意识和能力。加强与国际组织的协调和合作也是西方发达国家数字化国际发展合作的典型做法，日本、挪威等国家在数字化领域的对外援助中，均提出加强与国际组织合作，注重与国际组织的协调行动，将国际组织界定为数字化领域对外援助的主要战略合作伙伴。

与国际组织合作的切入点包括以下方面。一是对接国际组织数字化战略和数字合作倡议，积极参与、支持和主导相应的数字合作议程。近年来，联合国等国际组织提出一系列数字化战略和数字合作倡议，如世界银行提出的“数字发展伙伴关系”倡议、联合国开发计划署推出的《数字化战略》、联合国秘书长《数字合作路线图》、联合国贸发会启动的“所有人的网上贸易”倡议、世界经济论坛提出的“打造数字经济的未来和新价值创造倡议”和“联合国创新网络”等。除专项数字化战略，国际组织的中长期战略规划也将数字化作为重要的战略发展方向和发展工具，比如2021年9月联合国开发计划署发布的《联合国开发计划署战略规划：2022—2025年》，第一个战略发展方向便是“结构性转型，包括绿色的、包容性和数字转型”，并提出数字化是实现可持续发展目标和实现发展影响最大化的重要推动者①。国际组织提出的专门的数字化战略或体现在机构战略规划中的数字化议程，都是加强与国际组织合作，开展多边数字合作的切入点。

二是发挥国际组织的平台作用，分享、传播中国的发展经验、治理经验和中国方案。对外援助的宣传具有重要意义，以往在对外援助方面，中国做得多、说得少。但宣传不足既不能充分地展示中国的国际贡献，国际上也会有一些声音别有用心地质疑对外援助的目的和透明性，因而，未来应加大中国对外援助的宣传力度。与传统双边对外援助下的不宣传或自宣传相比，通过与国际组织合作，在国际组织的平台上，分享中国的治理经验和中国方案，会有更大的国际影响力、传播力，也更容易被国际社会所接受。

三是与国际组织接轨，探索在国际组织设立中国数字化国际发展合

① 《联合国开发计划署战略规划：2022—2025年》（*UNDP Strategic Plan, 2022 - 2025*），联合国开发计划署网站，https://www. undp. org/publications/undp - strategic - plan - 2022 - 2025。

作基金。通过与国际组织共建和共同管理，可以动员联合国的平台和资源，也可以有效助力对外宣传。鉴于国际上对数字化的高度重视、加强数字化领域国际发展合作的需求，提出设想，成立中国数字化国际发展合作基金。

三 确定对外数字合作优先序

结合中国的优势和发展经验，应重点关注数字化运用、数字经济、能力建设等方面的合作；数字化基础设施领域应注重商贸、投资、当地共建和技能输出相结合。联合国秘书长《数字合作路线图》呼吁，数字化应优先重视互联互通（UN，2020）。从国家行为体层面来看，数字化基础设施部署成本高，涉及网络联通、宽带基础设施和用电等多个领域，覆盖广大的农村和偏远地区，直接的投资回报率并不高，也不像是援建学校、医院、公路等有具体化的呈现。本着中国在国际发展合作中“量力而行，尽力而为”的政策主张[①]，数字基础设施领域的合作应突破传统的基础设施援建模式，以互利共赢为出发点，发挥比较优势，加强投资和商贸合作，将数字互联互通纳入共建“一带一路”中。

加快设施联通，实现互联互通是共建“一带一路”的关键。根据2021年发布的《新时代的中国国际发展合作》白皮书，中国积极支持“一带一路”沿线国家公路、铁路、港口、桥梁、通信管网等骨干通道建设，助力打造“六廊六路多国多港”互联互通大格局[②]。未来，数字联通应当作为一个重要的合作领域更好地嵌入到共建“一带一路”和互联互通布局中。从《新时代的中国国际发展合作》白皮书来看，数字化基础设施联通、网络联通、数字联通等尚未被系统性地纳入到中国的国际发展合作中。因而，在数字化基础设施方面还有很大的合作潜力，未来的规划中应进一步凸显数字化基础设施和网络联通方面的互联互通建设。共建“一带一路”应进一步凸显数字化基础设施和网络联

---

① 《新时代的中国国际发展合作》白皮书，新华网，http://www.xinhuanet.com/2021-01/10/c_1126965418.htm。

② 《新时代的中国国际发展合作》白皮书，新华网，http://www.xinhuanet.com/2021-01/10/c_1126965418.htm。

通方面的互联互通建设。

数字化的关键在于数字化运用和能力提升，秉持中国国际发展合作“授人以渔，自主发展”的政策主张，应尤为重视能力建设方面的数字合作，分享传播中国经验，推广数字化运用。依据人类发展理论对能力的界定和划分，数字化能力包含四个层面的内涵：一是数字化基础设施能力，包括网络联通、信息通信等基础设施和基本服务能力；二是社会经济层面的数字化运用能力，包括在经济、社会、商贸、教育、政府治理等领域的数字化运用，如平台经济、电子商务、网约服务、电子政务等；三是个人层面的基本数字技能，如使用互联网、手机和通过数字化获取信息和基本服务的能力，以及个人通过数字技术和应用程序，实现就业创业、生产经营、商贸、远程办公、接受教育和培训的能力；四是在国际发展合作层面，数字化在可持续发展项目、对外援助和国际发展合作中的运用。

通过培训、知识分享、经验共享等多途径加强数字化能力建设领域的合作，尤其应加大发挥智库在人才和科研成果方面的优势，用知识讲好中国故事。在全球层面，加强与国际组织合作，分享中国的数字化知识和经验做法；区域层面，探讨与区域政府间组织和当地智库合作，成立区域数字学习中心，根据不同地区的需求和国情，开展数字化运用方面的精准分享和交流合作。能力建设的内容，既包括经济、社会和政务领域的数字化运用能力建设，也包括个人层面的数字技能提升和培训合作。中国在电子商务、数字化支付、数字经济、电子政务等方面的优势和经验积累，为加强数字化能力建设的国际合作提供了经验基础。知识和经验分享既有助于加强发展中国家的能力建设，也符合当前国际发展合作重视知识分享和经验共享的大环境。同时，也是讲好中国故事、分享传播中国经验的重要途径。

四 能力建设是关键，突出知识和经验分享

从全球数字合作的趋势和特征来看，能力建设是数字合作的重要领域和目标。数字化能力鸿沟是数字鸿沟的重要表现，数字化基本能力和数字化运用能力均存在较大的需求和短板。根据 2019 年联合国《人类

发展报告》，数字化能力差异正在成为全球不平等的新源泉，其中网络联通和通过数字化获取基本服务的能力差距在明显缩小，但数字化运用能力差距却在扩大（UNDP，2019b）。不同领域的数字化能力需求蕴藏着不同的合作机遇，对应不同的数字合作路径选择。数字化基本能力的提升，对应的是基础设施建设领域的合作；而数字化运用能力方面的需求，对应的是知识分享、经验共享、培训等形式的国际发展合作。数字化运用是推动数字化、借力数字化实现发展目标的关键。数字化运用能力建设既包括经济、社会和政务领域的数字化运用能力建设，也包括个人层面的数字技能提升和培训合作。不同国家和地区之间的数字化运用需求差异、数字化运用能力差异、经验做法差异和政策环境差异，为加强数字化运用合作开辟了空间。

知识和经验分享既有助于加强发展中国家的能力建设，也符合当前国际发展合作重视知识分享和经验共享的大环境，同时，也是讲好中国故事、分享传播中国经验的重要途径。中国的国际发展合作实践中，“分享治理经验”是支持发展中国家增强自主发展能力的重要举措。2021年发布的《新时代的中国国际发展合作》白皮书提出，“通过举办系列研修研讨和学历学位项目，积极分享法治政府建设、政府‘放管服’改革、产业创新升级、数字经济等国家治理的实践和经验，帮助提高其他发展中国家公共部门官员政策制定能力”①。知识和经验分享的优势在于，其灵活性和政治色彩更加淡化，在国际发展合作中，发挥着特殊作用。联合国开发计划署、国际原子能机构、国际劳工组织、国际农业发展基金等多个联合国机构将知识管理的重要性上升到战略层面，纷纷出台知识管理战略，将知识管理纳入其业务的一部分。知识和经验共享被界定为实现可持续发展目标的重要方法。在推动可持续发展目标的进程中，知识应当被视为一种重要的资源和工具。

能力建设也与中国在对外援助和国际发展合作中秉持的“授人以渔，自主发展”的政策主张相通。中国在数字化运用，尤其是电子商

---

① 《新时代的中国国际发展合作》白皮书，新华网，http://www.xinhuanet.com/2021-01/10/c_1126965418.htm。

务、数字经济、电子政务等方面的优势和经验积累，为加强数字化能力建设的国际合作提供了重要的经验基础，积累了大量优秀实践和知识产品，但是在国际传播分享上有待进一步展开。

数字化国际发展合作中，为提升数字化运用能力和效益，应着重加强数字化领域的知识和经验分享，发挥智库在人才和科研成果方面的优势，发挥国际发展合作与智库国际化建设的协同增效作用。同时，促进智库与国际组织建立合作伙伴关系，也将有助于开拓新的国际传播途径，助力多层次、真实立体地讲好中国故事。在全球层面，加强智库与国际组织合作，分享中国的数字化知识和经验做法。区域层面，探讨与区域政府间组织和当地智库合作，成立区域数字学习中心，如“中非数字学习中心”。根据不同地区的需求和国情，开展数字化运用方面的精准分享和交流合作。通过分享数字化、数字经济、电子政务等多方面的知识、经验和研究成果，助推可持续发展目标的实现。

智库国际化建设与国际发展合作存在重要交集，智库在讲好中国故事，对外开展知识和经验分享方面，均发挥着重要作用。智库与国际组织的合作具有重要前景，既是加强智库国际化建设，拓展国际传播途径、讲好中国故事的重要渠道，也是智库参与国际发展合作和全球治理的重要过程。鉴于知识和经验分享对于讲好中国故事、分享传播中国经验做法的重要意义，以及适应国际组织重视能力建设、重视知识和经验分享以及借力多元伙伴关系的趋势，应加强智库与国际组织的合作，借助国际组织的平台开展相应的知识和经验分享。目前智库与国际组织的合作并没有系统性展开，智库国际化和国际发展合作的协同增效尚未被充分认知和有效运用。为推动对接合作，除发挥智库的主观能动性，还应当加强不同政府部门与智库的协调。尤其是发挥国际组织的国内对口单位的桥梁作用，加强相关对口部门对于知识分享和智库重要性的认识并协助相关对接，使智库与国际组织的对接更加高效顺畅。还应加强人才合作，支持更多的智库专家学者通过专家交流、委任和青年专业技术职员项目等形式到国际组织交流任职，为智库和国际组织加强合作牵线搭桥。

智库与国际组织合作分三个层次和推进路径，包括建立合作伙伴关系、讲好中国故事、提升国际话语权。首先，智库与国际组织建立合作伙伴关系，是提升国际话语权的渠道之一。应熟知和对接国际组织的知识管理战略，建立长期和机制化的合作，并通过定期吹风会的形式，掌握新动向、热点和优先议题，结合需求，有的放矢开展合作。其次，“讲好中国故事”是具体实践，是提升国际话语权的基础。通过传统出版物、数字化平台的知识和经验分享、提供专业技术咨询支持、参与国际组织主办的研讨会等多途径，以落实“讲好中国故事”。最后，提升国际话语权是智库与国际组织合作的根本目的。借助国际组织的平台，探讨构建中国主导的包容开放的全球发展知识平台，参与和主导全球智库网络建设，助力国际话语权的提升。

随着中国成为国际发展合作和全球治理的重要参与者、贡献者，在知识和经验分享领域，在借助国际上既有的知识分享平台对外分享中国的经验和知识产品的同时，还应积极探索打造包容性的全球发展知识平台，发挥知识分享、经验分享和全球伙伴关系搭建的多栖平台作用。结合“全球发展倡议”带来的新的全球发展和外交机遇，建议构建中国的全球性、包容性的数字化知识分享平台，作为支持实现“全球发展倡议”的重要一环。打造“全球发展倡议”的知识一环有两个关键点：一是发挥智库的引领作用，建设相应的全球智库合作网络，增强智库在国际发展领域的影响力和智库之间的对话合作；二是探索成立“全球发展倡议”数字化知识分享平台，分享相应的全球发展优秀实践和研究成果，通过构建包容性的中国全球发展知识分享平台，提供开放、兼容、建设性的数字化知识分享平台，供合作国政府、国际机构、智库等多元行为体分享相应的发展知识和实践做法，提升中国在国际社会的感召力、合作力和软实力。

发挥大国和大国智库引领作用，开展具有主导性、引领性的合作，抓大放小，并增强安全意识和质量意识。在与国际组织合作中，既要积极开拓作为，也要有所取舍。与国际组织合作的定位和目标是，讲好中国故事和提高国际话语权。国际组织是不同国家利益代表和国际关系的缩影，存在错综复杂的利益关系、国别和文化背景、政治斗争。知识分享的合作具有特殊性，知识分享领域的合作尤为需要以我为主，须在质量把关和享有主动权的基础上开展合作，确保合作产出知识产品的可控性、全过程参与和监督把关。

五　实施“惠民”数字合作，宣传中国国际发展合作观

实施“惠民”数字合作，加强宣传中国的国际发展合作观，既要把“人”放在心中，也要把“人”挂在嘴边。对外数字合作应以“惠民”、以人民为中心作为根本的指导、理论依据和宣传工具。首先，建议将惠民数字合作作为支持“全球发展倡议”的关键领域。应凸显与西方发达国家不同的数字合作方案和理念，践行和推广宣传坚持以人民为中心、坚持普惠包容的惠民数字合作。其次，防范因数字化、数字合作对当地就业和劳动者带来的冲击，建议配套加强劳动者数字技能培训和人力资源建设领域的合作。能力建设是全球数字合作的重要领域和合作目标，也与中国在对外援助和国际发展合作中强调的“授人以渔”相通。数字化国际发展合作中，为提升数字化运用能力和效益，应着重提升数字技能建设领域的合作。最后，加强以人民为中心的安全意识，加强数字化和数字合作风险研判和管理。惠民数字合作应秉持数字化和数字合作对人的负面影响和风险最小化，加强信息和数据安全保护，积极参与相应的全球数字治理，尤其是对网络犯罪、网络空间安全治理等领域的全球治理探讨。还应加强相应的研究和评估工作，提升应对风险的能力。

双多边国际发展合作中，需要有理念支撑和指导，缺乏理念支撑的对外援助和国际发展合作是缺乏凝聚力的。对外数字合作及相应的外交、外事和对外宣传中，应当有意识地、战略性宣传中国以人民为中心的发展、治理和国际合作理念。此外，随着时代发展，不断丰富中国的国际发展合作观，将一些重要的新理念、新提法及时融入中国的国际发展合作观中，如“共同富裕”“践行以人民为中心的发展思想，发展全过程人民民主”等。

六　加强风险意识、风险评估和管理

数字化是一把“双刃剑”，在加强数字合作的进程中，应加强数字

合作风险意识、风险评估和管理，既要防范网络安全、数据安全等技术层面的风险，也要防范数字化相关的政治、经济、社会风险。数字化领域的双多边国际发展合作中，应高度重视国家信息安全、个人信息数据安全、商业机密等方面的信息保护，应加强对当地网络信息安全保障能力的评估。除了技术层面的风险，应当尤为防范网络空间安全风险。与传统的政治风险、社会安全风险相比，网络空间安全风险具有跨国性、即时性、传播速度快、影响范围广等特点，容易失控或发展演变为示威、抗议和冲突等安全事件。宗教、文化和价值观念冲突，容易引发网络空间认知差距和线上冲突，进而引发或演变为现实社会的冲突（鲁传颖，2016）。对外数字合作中，应当同样甚至更加严格地遵循当地文化、宗教、习俗等传统，加强对当地习俗和国情、民情的了解，规避网络空间安全事件的发生和蔓延。此外，还要防范对外援助一般性风险因素的影响，如地缘政治、政府违约、政权不稳定、国际竞争和大国因素、法律规制差异和可能的歧视性规定和制裁等。

为规避和应对前述风险，应加强数字化和对外数字合作风险研究和评估，尤其是对合作国家当地发展战略和优先议程、网络安全保障能力、法律法规、社会经济稳定、政权稳定等方面的评估，以提前预判相应风险。探索研究形成数字合作风险指数，结合当地网络空间风险和保障能力、垄断、被制裁风险等指标，统一评估数字合作风险，作为数字合作的重要参考指标。

七 加强对发展中国家的研究和研究资助

为适应新时代的国际发展合作需要，应进一步加强对发展中国家的研究，加强相应的信息和知识储备。除发挥国内智库和科研院所的研究力量，应加强资助发展中国家的机构和人员从事其本国研究，将对发展中国家研究机构和研究人员的资助纳入国际发展合作的重要业务领域，成立针对发展中国家的研究基金资助和评估机构，加强对发展中国家的发展现状、数字化进程和问题的研究和知识储备。这些知识有助于提升中国对外援助决策和共建“一带一路”的科学性、针对性和有效性，同时支持发展中国家智库和研究人员也是重要的人力资本投资，有助于增强在发展中国家的长期影响。

八 积极参与全球数字治理

数字治理正在成为全球治理的重要领域，作为积极参与全球治理体系建设和改革的一部分，中国应积极参与全球数字治理，提升全球治理议程设置能力和话语权。2021 年 4 月 27 日，时任联合国大会主席征集召开的“数字合作与联通高级别主题辩论：全社会动员消除数字鸿沟”会议，提出加强“全球数字治理”，提出共同关注和应对数字化进程中的问题和数字化的负面效应①。数字化领域的问题和挑战包括，基础设施不足、垄断、规范数字化的运用、数字技能不足、最不发达国家经济和服务领域数字化运用程度低、数据安全保护、网络虚假信息、网络犯罪、暴力极端主义和恐怖主义的网络传播、网络骚扰等，这些问题均需要加强全球数字治理。如“数字合作与联通高级别主题辩论：全社会动员消除数字鸿沟”会议提到的，共同营建良好的网络和数字化规制环境是全球数字治理的关键和目标②。中国应加强参与全球数字治理，积极贡献中国方案。

在无政府状态和世界多极化趋势下，全球治理是各国政府、政府间组织、非政府组织、市民社会和运动、跨国公司、学术界和媒体等多方参与，以管理和应对共同问题和挑战的努力和重要举措③。全球治理折射出多元甚至相互冲突的利益、理念、价值观念和多方博弈。其中，全球数字治理尤为缓慢和难以达成一致意见，各国数字化进程差异、发展阶段差异、需求差异、政策环境差异、战略发展方向和优先议程差异使得全球数字合作和数字治理缺乏有效的统筹协调。全球数字治理和规制标准的制定中，尤为体现不同国家的理念差异。西方发达国家和地区积极推动形成和推广各自的数字化标准。例如，欧盟在《2030 年欧洲数字化十年战略》中提出，将形成欧洲的数字化标准，并通过

---

① 联合国大会网站，https://www.un.org/pga/75/digital-cooperation-and-connectivity/。

② 联合国大会网站，https://www.un.org/pga/75/digital-cooperation-and-connectivity/。

③ 《天涯成比邻：全球治理委员会报告》，全球治理委员会网站，https://www.gdrc.org/u-gov/global-neighbourhood/chap1.htm。

全球治理和对外数字合作，推广欧洲的数字化标准，使欧盟成为全球经济和治理领域的领导者①。基于全球数字治理中的立场差异和数字化议程的重要性，在求同存异，积极参与和推动全球治理的同时，应防范和规避全球治理过程中，国际上将一些与中国价值观念和利益不相符的数字治理和理念强加到全球数字治理中。因而，参与全球数字治理具有重要的战略意义，应在追求互利共赢的基础上积极参与数字治理，避免被动。

九 建设多方伙伴关系

数字化涉及数字化信息转换、数字化运用和数字化转型等多个内涵和阶段，数字化国际发展合作需要动员多元主体共同参与。政府、智库、民间组织、私营部门等多元主体和相关方的共同参与，是支持实现全球可持续发展目标的重要途径，如前所述，多元伙伴关系的构建本身也是一个发展目标②。

数字合作尤为需要多方通力合作。克劳斯·施瓦布（2016）在《第四次工业革命》中提出，从地区、国家和全球层面，与所有的利益相关方进行协作与沟通才能实现目标，第四次工业革命能够应对甚至化解一些当今世界面临的重要问题。2021 年 4 月 27 日，时任联合国大会主席组织召开的“数字合作与联通高级别主题辩论：全社会动员消除数字鸿沟”会议提出，缩小全球数字鸿沟需要全社会通力合作（Whole-of-society Cooperation），多元利益攸关方、多个经济部门共同参与③。《联合国开发计划署战略规划：2022—2025 年》提出，应进一步加大伙伴关系建设，为实现全球可持续发展目标，需要与多方面合作伙伴通力合作，联合国开发计划署将加强与成员国政府、其他联合国机构、国际金

① 《欧洲的数字化十年——2030 年数字目标》（*Europe's Digital Decade: Digital Targets for 2030*），欧盟委员会网站，https://ec.europa.eu/info/strategy/priorities-2019-2024/europe-fit-digital-age/europes-digital-decade-digital-targets-2030_en。

② 联合国网站，https://sdgs.un.org/goals/goal17。

③ 联合国大会网站，https://www.un.org/pga/75/digital-cooperation-and-connectivity/。

融机构、市民社会、学术界、私营部门的合作①。

中国在国际发展合作中，也越来越重视全球发展伙伴关系的构建和强化。《新时代的中国国际发展合作》白皮书提出，推动建立更加平等均衡的全球发展伙伴关系，鼓励私营部门、民间团体、慈善组织等发挥更大作用②。数字化领域的对外援助和国际发展合作中，应以政府为主导，发挥企业社会责任作用，通过注资援助基金、经验共享、技能培训等途径参与援助；进一步发挥智库的作用，通过智库对外交流和开拓智库与国际组织的合作，在知识分享和专家交流方面发挥更大的作用。

十　聚焦短板和典型地区，加强中非数字合作

区域层面数字合作的重点是与亚太地区和非洲的数字合作，前者数字合作的意义在于市场潜力大、周边国家战略重要性；后者数字合作的意义在于全球数字短板在非洲，以及中非关系的重要性。区域层面，应优先重视中非数字合作，着重加强中非数字合作的研究布局。据国际组织不同统计口径，非洲拥有宽带互联网的人口占比为28.2%—39.3%，而全球平均占比为53.6%—58.8%③。非洲网络联通率明显低于世界平均水平，在家庭用电、数字技能、数字经济、电子政务、反垄断法律制度建设等方面，非洲均存在明显短板。此外，非洲高度重视数字化，数字化成为非洲区域层面的重要议程和区域一体化建设的新战略领域。2020年，非盟出台《非洲数字化转型战略（2020—2030年）》，将建设数字化社会作为非洲战略目标，这也意味着，在数字基础设施、数字经济和新兴科技等方面，非洲市场将更加开放，数字化将成为非洲与外界合作的重要领域。同时，非洲也是全球多边国际发展合作和西方数字化

① 《联合国开发计划署战略规划：2022—2025年》（*UNDP Strategic Plan, 2022 - 2025*），联合国开发计划署网站，2021年9月2日，https://www.undp.org/publications/undp-strategic-plan-2022-2025。

② 《新时代的中国国际发展合作》白皮书，新华网，http://www.xinhuanet.com/2021-01/10/c_1126965418.htm。

③ 《测量数字发展：2020年事实和数据》，国际电信联盟（ITU），https://www.itu.int/en/ITU-D/Statistics/Documents/facts/FactsFigures2020.pdf；《测量数字发展：2019年事实和数据》，国际电信联盟（ITU），https://itu.foleon.com/itu/measuring-digital-development/home/。

对外援助的区域重点。国际组织尤为关注非洲数字化，出台了专门面向非洲的数字合作倡议，如世界银行提出“数字经济非洲倡议”①；联合国非洲经济委员会与非盟委员会共同启动“非洲身份证数字化、电子商务和数字经济倡议”② 等。非洲也是西方数字化领域对外援助的区域重点，欧盟2020年提议的支持《非洲2063年议程》的伙伴关系倡议中，聚焦五个领域的欧洲与非洲合作，其中就包括非洲的数字化转型；欧洲投资银行也提出，重点支持对非洲数字经济和电信领域的投资和合作（European Investment Bank，2021）；德国出台“数字非洲”倡议等。

鉴于中非关系的重要性，中国对外数字合作的区域布局应尤为关注非洲，加强对非洲数字化战略和国别层面相应数字化和发展战略的精准对接，占领合作先机。建议加大对接区域层面非盟提出的非洲数字化转型十年战略，通过区域合作机制和中非合作论坛，加大对非洲数字化的支持和合作。结合非洲的数字化需求和短板，建议突出需求导向和能力建设，将数字化作为深化中非合作的新领域。数字能力建设方面，建议探索成立“中非数字学习中心”，注重技能培训和经验分享，通过与非洲大学和机构合作，结合即时线上学习和形成可再用的培训课程的形式，开展数字技能培训和经验分享。

除前述十项建议，建议加强相关部门和从业人员的数字化知识培训，增强其数字化意识和数字化能力。经合组织的报告直言不讳地提到，如果政府工作人员不能充分地理解数字化及其意义，从数字化获利的战略机遇将被错过（OECD，2020b）。应加强数字化培训，增强从业人员对数字化的了解，如果缺乏充分的了解会致使对数字化重要性的认识不足，从而不能见微知著，把握其中的机遇和规避相应的风险。

总之，鉴于全球数字合作趋势、立足中国的数字合作需求和兼顾缩小全球数字鸿沟的目标等，本书提出应加强中国对外数字合作的研究布局，加强数字化双多边国际发展合作的需求和风险评估；在对外援助中

---

① 世界银行网站，https://www.worldbank.org/en/programs/all-africa-digital-transformation。

② 联合国非洲经济委员会（UNECA）网站，https://www.uneca.org/dite-africa。

加强规划，将数字化作为对外援助重点领域；与国际组织开展务实合作，借力国际组织的数字化战略和数字合作倡议，通过多边国际发展合作推出中国的数字化议程；界定对外数字合作的优先序，秉持中国国际发展合作“授人以渔，自主发展”的政策主张和中国在数字化方面的经验优势和积累，数字化运用和能力建设是数字合作的重点；数字联通是对外数字合作的重点，也是最基本的数字化需求，数字联通应突破传统的基础设施援建模式，商贸、投资、当地共建、技能输出相结合；作为积极参与全球治理体系改革和建设的一部分，积极参与全球数字治理，贡献中国方案；新时代的国际发展合作中，应加强知识和经验分享，发挥智库的作用，并以政府为主导，动员多元利益攸关方共同参与；鉴于中非关系的重要性、非洲的数字短板、非洲对数字化的重视和非洲数字化转型十年战略的出台，应优先重视中非数字合作；同时，在对外数字合作中，以及其他领域的双多边国际发展合作，有意识地、系统性地宣传中国的国际发展合作观，尤其应突出构建人类命运共同体、坚持以人民为中心的发展理念，突出中国的国际发展合作价值导向和中国的标志性概念。

参考文献

一　中文文献

习近平：《谋共同永续发展　做合作共赢伙伴——在联合国发展峰会上的讲话》，《人民日报》2015 年 9 月 27 日。

习近平：《决胜全面建成小康社会　夺取新时代中国特色社会主义伟大胜利——在中国共产党第十九次全国代表大会上的报告》，人民出版社 2017 年版。

习近平：《携手推进“一带一路”建设——在“一带一路”国际合作高峰论坛开幕式上的演讲》，人民出版社 2017 年版。

习近平：《习近平在联合国成立 75 周年系列高级别会议上的讲话》，人民出版社 2020 年版。

丁明磊：《科技创新智库的国际化发展路径研究》，《数字图书馆论坛》2017 年第 3 期。

都阳、贾朋、程杰：《劳动力市场结构变迁、工作任务与技能需求》，《劳动经济研究》2017 年第 3 期。

樊春良：《思想创新与智库国际化》，《智库理论与实践》2021 年第 2 期。

国家信息中心“一带一路”大数据中心：《“一带一路”大数据报告 2018》，商务印书馆 2018 年版。

韩冬临、黄臻尔：《非洲公众如何评价中国的对非援助》，《世界经济与政治》2016 年第 6 期。

贺文萍：《中非共建“一带一路”须进行精准对接》，《公共外交季刊》2018 年第 3 期。

胡正荣、田晓：《新时代中国国际传播话语体系的构建：分层、分类与分群》，《中国出版》2021 年第 16 期。

华欣、汪文杰：《新型基础设施建设：中国与东盟数字合作的新支撑》，《对外经贸实务》2020 年第 9 期。

黄蕙：《中国特色新型智库国际传播力研究：基于创办〈当代中国与世界〉智库学刊的实例分析》，《智库理论与实践》2021 年第 4 期。

黄梅波、唐露萍：《南南合作与南北援助——动机、模式与效果比较》，《国际展望》2013 年第 3 期。

黄玉沛：《中非共建“数字丝绸之路”：机遇、挑战与路径选择》，《国际问题研究》2019 年第 4 期。

黄振乾：《中国援助项目对当地经济发展的影响——以坦桑尼亚为个案的考察》，《世界经济与政治》2019 年第 8 期。

金丹、杜方鑫：《中越共建“数字丝绸之路”的机遇、挑战与路径》，《宏观经济管理》2020 年第 4 期。

亢升、杨晓茹：《数字丝绸之路建设与中印数字经济合作审思》，《印度洋经济体研究》2020 年第 4 期。

［德］克劳斯·施瓦布：《第四次工业革命：转型的力量》，中信出版社 2016 年版。

李刚：《我国智库全球传播的七大“短板”》，《科学与管理》2018 年第 1 期。

李康平、段威：《非洲数字经济发展态势与中非数字经济合作路径探析》，《当代世界》2021 年第 3 期。

林克勤：《自我觉醒与形象重构：中国文化域外分层传播的向度解析》，《现代传播》（中国传媒大学学报）2017 年第 7 期。

楼项飞：《中拉共建“数字丝绸之路”：挑战与路径选择》，《国际问题研究》2019 年第 2 期。

楼项飞：《新冠疫情背景下中拉数字经济合作：机遇、挑战和前景》，《拉丁美洲研究》2021 年第 5 期。

楼项飞、杨剑：《拉美数字鸿沟消弭与中拉共建“数字丝绸之路”》，

《国际展望》2018 年第 5 期。
鲁传颖：《网络空间中的数据及其治理机制分析》，《全球传媒学刊》2016 年第 4 期。
马骦：《中美竞争背景下华为 5G 国际拓展的政治风险分析》，《当代亚太》2020 年第 1 期。
马忠法、胡玲：《网络空间命运共同体构建中的金融安全国际法》，《上海金融》2020 年第 10 期。
潘亚玲：《中国特色对外援助理论建构初探》，《当代亚太》2013 年第 5 期。
钱皓：《加拿大对外援助与国家海外形象建构》，《国际观察》2014 年第 6 期。
任福兵：《智库国际化建设的路径选择》，《现代情报》2017 年第 1 期。
任福兵、李玲玲：《智库国际化的影响因素及相关性研究》，《现代情报》2017 年第 9 期。
任晓波：《科技智库的国际化发展》，《竞争情报》2020 年第 3 期。
宋冬林、王林辉、董直庆：《技能偏向型技术进步存在吗？——来自中国的经验证据》，《经济研究》2010 年第 5 期。
苏小莉、邹明：《企业参与“数字丝绸之路”建设策略》，《经济师》2020 年第 9 期。
唐润华、刘昌华：《大变局背景下国际传播的整体性与差异化》，《现代传播》（中国传媒大学学报）2021 年第 4 期。
王海燕：《中国与中亚国家共建数字丝绸之路：基础、挑战与路径》，《国际问题研究》2020 年第 2 期。
王辉耀：《中国智库国际化的实践与思考》，《中国行政管理》2014 年第 5 期。
王灵桂：《总体国家安全观与中国共产党国家安全思想的传承创新》，《现代国际关系》2021 年第 7 期。
王文：《调动“百万大军”——论中国智库对外传播的进展、困境与政策建议》，《智库理论与实践》2021 年第 1 期。

王永洁：《国际视野中的非标准就业与中国背景下的解读——兼论中国非标准就业的规模与特征》，《劳动经济研究》2018（a）年第6期。
王永洁：《新时期对外发展援助：加拿大的实践及对中国的启示》，《开发研究》2018（b）年第1期。
王永洁：《平台型非标准就业与劳动力市场规制》，《北京工业大学学报》（社会科学版）2020年第3期。
夏康健、崔士鑫：《习近平总书记关于推进国际传播能力建设重要论述的发展脉络和深刻内涵》，《中国出版》2021年第13期。
向坤：《从数字经济视角看数字丝绸之路建设的内涵、结构和发展路径》，《西部论坛》2017年第6期。
许利平、吴汪世琦：《中国与东盟数字经济合作的动力与前景》，《现代国际关系》2020年第9期。
薛安伟、张道根：《全球治理的主要趋势、诱因及其改革》，《国际经济评论》2020年第1期。
姚桂梅：《中非共建"一带一路"：进展、风险与前景》，《当代世界》2018年第10期。
姚先国、周礼、来君：《技术进步、技能需求与就业结构——基于制造业微观数据的技能偏态假说检验》，《中国人口科学》2005年第5期。
张海滨：《应对国际组织"中国人才荒"》，《环球》2020年第13期。
张勇：《拉丁美洲信息经济发展研究》，《西南科技大学学报》（哲学社会科学版）2017年第3期。
张毓强、庞敏：《新时代中国国际传播：新基点、新逻辑与新路径》，《现代传播》（中国传媒大学学报）2021年第7期。
张志强、苏娜：《国际智库发展趋势特点与我国新型智库建设》，《智库理论与实践》2016年第1期。
郑宇：《援助有效性与新型发展合作模式构想》，《世界经济与政治》2017年第8期。
中国电子信息产业发展研究院：《数字丝绸之路："一带一路"数字经济的机遇与挑战》，中国工信出版集团、人民邮电出版社2017年版。

周慎、赵彦云、朱旭峰：《智库外交及其行为实践：智库在对外交往中的功能、角色与活动》，《智库理论与实践》2020 年第 5 期。

朱丹丹：《国际援助体系与中国对外援助：影响、挑战及应对》，《国际经济合作》2013 年第 3 期。

朱杰进、谢漪珺：《多边援助制度与国内援助改革——以英国布莱尔政府的援助改革为例》，《世界经济与政治》2014 年第 2 期。

朱旭峰、礼若竹：《中国思想库的国际化建设》，《重庆社会科学》2012 年第 11 期。

庄雪娇：《论中国智库的国际传播新媒体矩阵：现状与未来》，《智库理论与实践》2021 年第 2 期。

二 英文文献

Acemoglu, Daron & David Autor (2011), "Skills, Tasks and Technologies: Implications for Employment and Earnings", *Handbook of Labor Economics*, Vol. 4, Amsterdam: Elsevier – North.

Alvi, Eskander & Aberra Senbeta (2012), "Does Foreign Aid Reduce Poverty?", *Journal of International Development*, 24 (8).

Arntz, Melanie, Terry Gregory & Ulrich Zierahn (2016), "The Risk of Automation for Jobs in OECD Countries – A Comparative Analysis", OECD Social, Employment and Migration Working Papers, No. 189.

AUC & OECD (2021), *Africa's Development Dynamics 2021: Digital Transformation for Quality Jobs*, AUC, Addis Ababa/OECD Publishing, Paris.

Autor, David (2019), "Work of the Past, Work of the Future", NBER Working Paper, No. 25588.

Bowen, Janine (1995), "Foreign Aid and Economic Growth: An Empirical Analysis", *Geographical Analysis*, 27 (3).

Bukht, Rumana & Richard Heeks (2017), "Defining, Conceptualising and Measuring the Digital Economy", Development Informatics Working

Paper Series, No. 68.

Burnside, Craig & David Dollar (2000), "Aid, Policies, and Growth", *The American Economic Review*, 90 (4).

Doucouliagos, Hristos & Martin Paldam (2008), "Aid Effectiveness on Growth: A Meta Study", *European Journal of Political Economy*, 24 (1).

Durbarry, Ramesh, Norman Gemmell & David Greenaway (1998), "New Evidence on the Impact of Foreign Aid on Economic Growth", CREDIT Research Paper, No. 98/8, The University of Nottingham, Centre for Research in Economic Development and International Trade (CREDIT).

Edwards, Sebastian (2015), "Economic Development and the Effectiveness of Foreign Aid: A Historical Perspective", *Krklos: International Review for Social Sciences*, 68 (3).

European Investment Bank (2021), "A Partnership With Africa: How the European Investment Bank Delivers on EU Policies in Africa and Our Future Plans for Development and Partnership Across the Continent", https://www.eib.org/en/projects/regions/acp/partnership-with-africa/index.

Frey, Carl & Michael Osborne (2013), "The Future of Employment: How Susceptible are Jobs to Computerisation?", *Technological Forecasting and Social Change*, 114.

Goos, Maarten, Alan Manning & Anna Salomons (2009), "Job Polarization in Europe", *American Economic Review*, 99 (2).

Headey, Derek (2008), "Geopolitics and the Effect of Foreign Aid on Economic Growth: 1970 - 2001", *Journal of International Development*, 20 (2).

Heimerl, Veronika & Werner Raza (2018), "Digitalization and Development Cooperation: An Assessment of the Debate and Its Implications for

Policy", Austrian Foundation for Development Research, Briefing Paper, No. 19.

Helsper, Ellen & Bianca Reisdorf (2016), "The Emergence of a 'Digital Underclass' in Great Britain and Sweden: Changing Reasons for Digital Exclusion", *New Media & Society*, 19 (8).

IFAD (2007), "IFAD Strategy for Knowledge Management", https://www. ifad. org/documents/38711624/41089210/EB - 2007 - 90 - R - 4. pdf/3f73271b - 833e - a469 - d47e - 57d930ae78a6.

IFAD (2019), "Knowledge Management Strategy", https://www. ifad. org/documents/38711624/39417933/km_ e. pdf/43599c5a - 9a6c - 4ff7 - 9299 - e992aa4b9d24? t = 1565366873000.

ILO (2017), "Knowledge Strategy 2018 - 2021", https://www. ilo. org/wcmsp5/groups/public/ - - - ed _ norm/ - - - relconf/documents/meetingdocument/wcms_ 584172. pdf.

ILO (2000), "Strategic Policy Framework, 2002 - 2005", and "Preview of the Programme and Budget Proposals for 2002 - 2003", https://www. ilo. org/public/libdoc/ilo/GB/279/GB. 279_ pfa_ 6_ engl. pdf.

JIU (2016), "Knowledge Management in the United Nations System", https://www. unjiu. org/sites/www. unjiu. org/files/jiu_ document_ files/products/en/reports - notes/JIU% 20Products/JIU _ REP _ 2016 _ 10 _ English. pdf.

JIU (2008), "Junior Professional Officer/Associate Expert/Associate Professional Officer Programmes in the United Nations System Organizations", https://www. unjiu. org/sites/www. unjiu. org/files/jiu_ document_ files/products/en/reports - notes/JIU% 20Products/JIU _ REP _ 2008 _ 2_ English. pdf.

Karras, Georgios (2006), "Foreign Aid and Long-Run Economic Growth: Empirical Evidence for a Panel of Developing Countries", *Journal of Inter-*

national Development, 18 (1).

Khilji, Nasir & Ernest Zampelli (1994), "The Fungibility of U. S. Military and Non-Military Assistance and the Impacts on Expenditures of Major Aid Recipients", *Journal of Development Economics*, 43 (2).

Knickrehm, Mark, Bruno Berthon & Paul Daugherty (2016), "Digital Disruption: The Growth Multiplier——Optimizing Digital Investments to Realize Higher Productivity and Growth", Accenture Strategy.

Kodama, Masahiro (2012), "Aid Unpredictability and Economic Growth", *World Development*, 40 (2).

Latouche, Serge (1993), *In the Wake of the Affluent Society: An Exploration of Post-Development*, London & New Jersey: Zed Books Ltd.

Liu, Qiaoqiao & Zenggang Li (2022), "Aid Instability, Aid Effectiveness and Economic Growth", *Development Policy Review*, 40 (1).

Loxley, John & Harry Sackey (2008), "Aid Effectiveness in Africa", *African Development Review*, 20 (2).

McGann, James (2021), "2020 Global Go To Think Tank Index Report", https://repository.upenn.edu/cgi/viewcontent.cgi?article=1019&context=think_tanks.

Moreira, Sandrina (2005), "Evaluating the Impact of Foreign Aid on Economic Growth: A Cross-Country Study", *Journal of Economic Development*, 30 (2).

Moyo, Dambisa (2010), *Dead Aid: Why Aid is Not Working and How There is a Better Way for Africa*, Macmillan Publishers.

Nussbaum, Martha (2000), *Women and Human Development—The Capabilities Approach*, Cambridge University Press.

OECD (2019), *Going Digital: Shaping Policies, Improving Lives*, Paris: OECD Publishing.

OECD (2020a), "Go Digital Integrated Policy Framework", OECD Digital

Papers, No. 292, Paris: OECD Publishing.

OECD (2020b), *The Digitalisation of Science, Technology and Innovation: Key Developments and Policies*, Paris: OECD Publishing.

OECD & IDB (2016), *Broadband Policies for Latin America and the Caribbean: A Digital Economy Toolkit*, OECD Publishing.

Oesch, Daniel & Jorge Rodríguez – Menés (2011), "Upgrading or Polarization? Occupational Change in Britain, Germany, Spain and Switzerland, 1990 – 2008", *Socio – Economic Review*, 9 (3).

Parviainen, Päivi, Jukka Kääriäinen, Maarit Tihinen & Susanna Teppola (2017), "Tackling the Digitalization Challenge: How to Benefit from Digitalization in Practice", *International Journal of Information Systems and Project Management*, 5 (1).

Pieterse, Jan Nederveen (2000), "After Post – Development", *Third World Quarterly*, 21 (2).

Qian, Nancy (2014), "Making Progress on Foreign Aid", NBER Working Paper, No. 20412.

Roodman, David (2007), "The Anarchy of Numbers: Aid, Development, and Cross-Country Empirics", *The World Bank Economic Review*, 21 (2).

Rostow, Walt (1960), *The Stages of Economic Growth: A Non – Communist Manifesto*, Cambridge: Cambridge University Press.

Schraeder, Peter, Steven Hook & Bruce Taylor (1998), "Clarifying the Foreign Aid Puzzle: A Comparison of American, Japanese, French, and Swedish Aid Flows", *World Politics*, 50 (2).

Schwab, Klaus (2016), *The Fourth Industrial Revolution*, New York: Currency.

Sen, Amartya (2001), *Development as Freedom*, Oxford University Press.

UNDP (1990), *Human Development Report 1990*, Oxford: Oxford University Press.

UNDP (2009), "UNDP Knowledge Strategy – Enabling UNDP to Share and Leverage Its Knowledge and Experience, 2009 – 2011", https://procurement – notices. undp. org/view_ file. cfm? doc_ id = 4466.

UNDP (2013), "UNDP Strategic Plan, 2014 – 2017", https://www. undp. org/publications/undp – strategic – plan – 2014 – 17.

UNDP (2014), "UNDP Knowledge Management Strategy Framework 2014 – 2017", https://www. undp. org/sites/g/files/zskgke326/files/publications/UNDP% 20Knowledge% 20Strategy% 20Report% 202502 – 2% 20LR% 202, 7MB. pdf.

UNDP (2017), "UNDP Strategic Plan, 2018 – 2021", https://digitallibrary. un. org/record/1318769.

UNCTAD (2019), "Digital Economy Report 2019 – Values Creation and Capture: Implications for Developing Countries", New York: United Nations Conference on Trade and Development, https://unctad. org/en/PublicationsLibrary/der2019_ en. pdf.

UNDP (2019a), "Future Forward: UNDP Digital Strategy", New York: United Nations Development Programme, https://digitalstrategy. undp. org/assets/UNDP – digital – strategy – 2019. pdf.

UNDP (2019b), "Human Development Report 2019—Beyond Income, Beyond Averages, Beyond Today: Inequalities in Human Development in the 21st Century", New York: United Nations Development Programme.

UNDP (2020), "COVID – 19 and Human Development: Assessing the Crisis, Envisioning the Recovery", New York: United Nations Development Programme. http://hdr. undp. org/en/hdp – covid.

UNDP (2021), "UNDP Strategic Plan, 2022 – 2025", https://strategicplan. undp. org.

UN (2020), "Report of the Secretary-General Roadmap for Digital Cooperation", https://www.un.org/en/content/digital-cooperation-roadmap/assets/pdf/Roadmap_for_Digital_Cooperation_EN.pdf.

UN Women (2018), "Knowledge Management Strategy East and Southern Africa, 2018 - 2021", https://www2.unwomen.org/-/media/field%20office%20africa/attachments/publications/2019/un%20women%20east%20and%20southern%20africa%20knowledge%20management%20strategy%202018-2021_web.pdf?la=en&vs=4235.

USAID (2020), "Digital Strategy (2020 - 2024)", https://www.usaid.gov/sites/default/files/documents/15396/USAID_Digital_Strategy.pdf.

Verhoef, Peter, Thijs Broekhuizen, Yakov Bart, Abhi Bhattacharya, John Qi Dong, Nicolai Fabian & Michael Haenlein (2021), "Digital Transformation: A Multidisciplinary Reflection and Research Agenda", *Journal of Business Research*, 122.

WHO (2005), "World Health Organization Knowledge Management Strategy", http://apps.who.int/iris/bitstream/handle/10665/69119/WHO_EIP_KMS_2005.1.pdf; jsessionid=8D08CA38E41640FFA186977D853DBE2F?sequence=1.

Williams, David (2014), "The Study of Development", In Bruce Currie-Alder, Ravi Kanbur, David Malone & Rohinton Medhora, *International Development: Ideas, Experience and Prospects*, Oxford University Press.

WIPO (2015), "The Knowledge Management Strategy of the World Intellectual Property Organization (WIPO)", https://www.wipo.int/edocs/mdocs/govbody/en/a_55/a_55_inf_5.pdf.

World Bank (2016), *World Development Report 2016_Digital Dividends*, Washington D.C.: World Bank.

World Bank (2018), "Malaysia's Digital Economy: A New Driver of Development", Washington, D.C.: World Bank, https://openknowledge.worldbank.org/bitstream/handle/10986/30383/129777.pdf.

World Bank (2019), *World Development Report 2019: The Changing Nature of Work*, Washington D. C.: World Bank.

World Economic Forum (2018), "The Global Risks Report 2018 – 13th Edition", http://www3.weforum.org/docs/WEF_GRR18_Report.pdf.

World Economic Forum (2020), "Partnership Against Cybercrime", http://www3.weforum.org/docs/WEF_Partnership_against_Cybercrime_report_2020.pdf.

World Economic Forum (2021), "The Global Risks Report 2021 – 16th Edition", http://www3.weforum.org/docs/WEF_The_Global_Risks_Report_2021.pdf.

后　　记

本书源起于笔者一段特别的职业经历。2018 年年底，距离春节还有几天，一家人围坐于炉火旁欢声笑语，我收到电话通知，报名参加的联合国开发计划署项目，已经通过了国内的笔试和面试，作为候选人之一，春节后将参加联合国的线上面试。那一刻是欣喜的，整个春节我也忙碌起来，阅读联合国的各种报告，准备参加节后的面试。2019 年 11 月，收到正式录取通知。2020 年 1 月 12 日，怀着激动的心情，登上了飞往联合国总部的航班。

庄严的联合国大楼、多国代表共聚一堂的会议大厅、来自五湖四海的办公团队，对这一切我都充满新奇。我在联合国的工作部门是联合国南南合作办公室，主要业务是协调和推动发展中国家之间的合作以及联合国系统内部的南南合作。在任职期间，担任联合国南南合作办公室主任特别助理，参加和支持各种活动、会议和采访。要感谢我的指导老师联合国南南合作办公室主任在工作中予以的信任和支持来开展工作。

2021 年是中国共产党建党 100 周年，也是习近平总书记宣告“我国脱贫攻坚战取得了全面胜利”的一年。这一年，在联合国我也摩拳擦掌，总想做点什么，在国际上分享中国的脱贫故事。适逢中国社会科学院完成“精准扶贫精准脱贫百村调研”国情调研特大项目，经过多方面探索和努力，在院领导的批准和大力支持下，与院国际合作局和科研局的同事们密切合作，成功举办了“脱贫和可持续发展知识和优秀实践分享南南合作研讨会”，成立了由中国社会科学院作为主席单位的“脱贫和可持续发展全球智库网络”，在联合国的知识分享平台开辟了我院专栏，分享中国脱贫成果和中国社会科学院的科研与国际合作成果。中国社会科学院和联合国南南合作办公室签署的合作谅解备忘录，将我国的“全球发展倡议”作为首项战略合作目标，也成为联合国首个正式纳入我国这一重大新倡议的官方协议。这些有益的尝试和成果，使得我在联合国的两年工作有了特殊的时代意义。

“经风雨、见世面”也成了这两年的必修课。新冠肺炎疫情全球暴发，纽约一度成为重灾区，种族主义的抬头、国际形势的复杂多变，带来了一系列挑战和意外情况。在飙升的确诊病例数字带来的紧张氛围下，我只有更加专注地工作，白天做好联合国的工作，晚上捧起书、端起茶，踏踏实实地读书、研究和写作。时间如白驹过隙，2022 年 1 月 12 日是在联合国工作两周年顺利完成的日子，这一天收到指导老师代表办公室的任职感谢信，这一天也标志着在联合国的外派工作画上了圆满的句号。

收拾好行装准备回国的时候，预定的航班受疫情影响被熔断。一时间，航班大幅度熔断，签证、住宿等问题一拥而至。我想起了《西游记》里唐僧师徒四人取到真经回去的路上经书掉到了河里，而我的机票掉到了水里。正如单位领导赠言，“去不容易，过关斩将；回也艰难，苦熬待归”。我重要的变化是，不再遇到突发情况就紧张担忧，而是更加坦然地看待这种被动。

驻外工作期间，我得到了中国社会科学院的领导和同事们的肯定和切实帮助，结识了很多良师益友。尤其要感谢我们研究所的领导们和同事们的关爱和鼓励。这本书得以出版还要感谢两位匿名评审专家给予的宝贵意见和建议。还要借此机会感谢父母对我的爱护与教诲。

谨以此书纪念在联合国的两年，开启回国工作的新征程。